MAIKENXI JIAO WO DE 12 TANG KOUCAIKE

麦肯锡教我的 12 堂 口才课

陈 权◎著

SPM
南方出版传媒
广东经济出版社
·广州·

图书在版编目（CIP）数据

麦肯锡教我的12堂口才课 / 陈权著. —广州：广东经济出版社, 2020.11
ISBN 978-7-5454-7206-6

Ⅰ. ①麦… Ⅱ. ①陈… Ⅲ. ①口才学 Ⅳ. ①H019

中国版本图书馆CIP数据核字（2020）第066342号

责任编辑：蒋先润
责任校对：陈慧敏
责任技编：陆俊帆

麦肯锡教我的 12 堂口才课
MAIKENXI JIAO WO DE 12 TANG KOUCAIKE

出版人	李　鹏
出　版 发　行	广东经济出版社（广州市环市东路水荫路11号11～12楼）
经　销	全国新华书店
印　刷	佛山市迎高彩印有限公司 （佛山市顺德区陈村镇广隆工业区兴业七路９号）
开　本	787毫米×1092毫米 1/16
印　张	15.75
字　数	225千字
版　次	2020年11月第1版
印　次	2020年11月第1次
书　号	ISBN 978-7-5454-7206-6
定　价	48.00元

图书营销中心地址：广州市环市东路水荫路11号11楼
电话：（020）87393830 邮政编码：510075
如发现印装质量问题，影响阅读，请与本社联系
广东经济出版社常年法律顾问：胡志海律师

前言

麦肯锡三叉树模型助你提高口才

一年前，广东经济出版社的蒋编辑找到我，他说："陈老师，您不是曾经在麦肯锡公司工作过吗，现我社要出版一本关于麦肯锡金字塔原理的书籍，因为时下结构化思维方面的书籍都很受读者的追捧，不知您意下如何？"

没错，蒋编辑说得非常对！麦肯锡金字塔原理确实是一个非常好用的思维工具，它能让人们的思考、表达更有逻辑性，该理论可以用一句话来概括：结论先行、以上统下，归类分组、逻辑递进。不过，市面上关于这方面的书籍实在太多了，同时，很多职场人士对此原理也非常熟悉。

于是，我告诉蒋编辑，目前刚好在写一本关于麦肯锡三叉树模型在口才训练中应用的书稿，这个理论也是麦肯锡的一位资深咨询师发明的，对一名演讲型咨询师来说，它跟麦肯锡金字塔原理一样重要。接着，我把初稿发给了蒋编辑，蒋编辑看完之后，觉得书稿有较高的出版价值，认为麦肯锡三叉树模型能够帮助到众多的职场人士提高口才。就这样，本书诞生了。

至于我为什么要把麦肯锡三叉树模型推荐给各位读者呢，理由为：如果说，麦肯锡金字塔原理能够提高表达的逻辑性，那么，麦肯锡三叉树模型则可以提高表达水平。

该理论的主要内容有三部分：第一部分为表达的依据，即一个人为什么能够做出这样的结论和发表如此的观点，是他亲眼看到、亲耳听到，并结合自己思考的结果。第二部分为表达的支撑，即支撑着一个人在他人面前侃侃而谈的是：过人的胆量（非常自信）、激扬的声音和专业的形象。第三部分为表达的层级，即想真正地提高一个人的表达能力，必须循序渐进、稳步前行，先从朗读开始，再过渡到说话、评论，最终达到演讲的水平（见图1）。

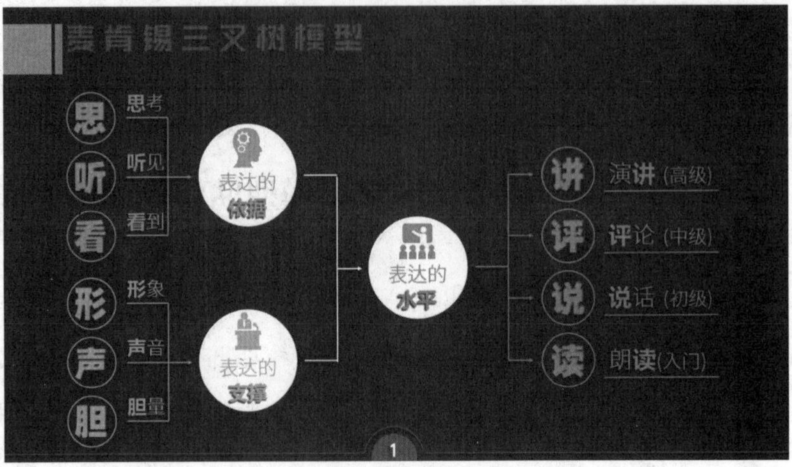

图1

那怎么做才能让自己达到好口才的最高境界——上佳的即兴演讲表现力呢？我根据麦肯锡三叉树模型，并结合自己的实际工作经验，设计出了系统的麦肯锡口才训练方法（见图2），包括12堂基础课和12堂专业课。其中，本书的内容即为如下这12堂专业课。

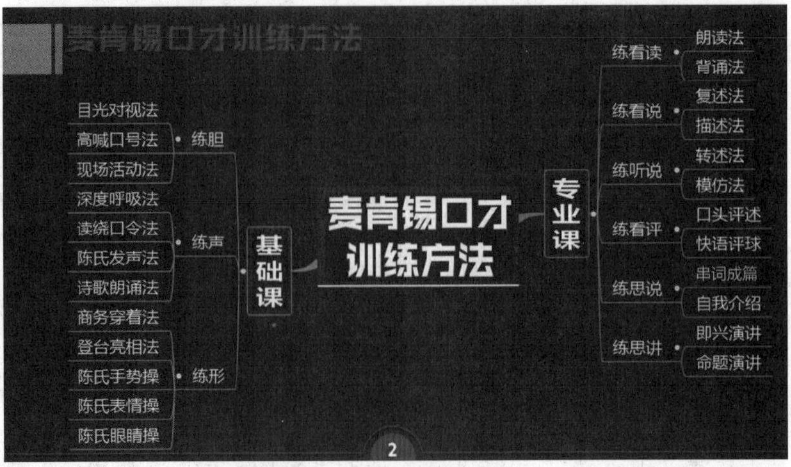

图2

第一课：朗读法，既能增强表达的节奏感，又能使情感极其丰富。

第二课：背诵法，既能使记忆能力提高，又能积累精彩的素材。

第三课：复述法，既能提高概括能力，又能提高表达的逻辑性。

第四课：描述法，既能锻炼思维能力，又能提高语言组织能力。

第五课：转述法，既能提高记忆能力，又能提高语言组织能力。

第六课：模仿法，既能提高表演能力，又能提高口头表达能力。

第七课：口头评述，既能提高分析能力，又能提高表达的敏捷性。

第八课：快语评球，既能提高反应能力，又能提高口头表达能力。

第九课：串词成篇，既能提高想象能力，又能提高语言组织能力。

第十课：自我介绍，既能提高思维能力，又能提高语言组织能力。

第十一课：即兴演讲，既能提高应变能力，又能提高口头表达能力。

第十二课：命题演讲，既能提高写作能力，又能提高口头表达能力。

我相信，如此科学又专业的口才实战指导书，一定能让你的口才更上一层楼。

目录

第三部分　练听说

第四部分　练 看 评

第六部分　练思讲

导入课

只有掌握麦肯锡三叉树模型，才能真正练好口才

在日常生活中，很多人对口才的认识还是很片面的。

第一种观点是把说话等同于口才。有的人说，我们不是每天都在说话吗？不是每天都在不断地练习吗？难道这不是口才？为什么还要专门去学习口才呢？

第二种观点认为口才是天生的。他们说，那个东西学不来。铁棒经过努力打磨，可以磨成铁针，但木棒无论怎么努力，也只能磨成牙签，永远成不了铁针，因为材料不对，努力白费。

其实，这两种观点都不正确。

针对第一个误区，我国现代著名作家朱自清先生曾经做过非常精妙的解答：天天说话，不见得就会说话；许多人说了一辈子话，也没有说好过几句话。实际上，说话好像我们平时骑自行车赶路，而口才却像杂技团演员骑自行车表演，这两者之间的距离还是非常大的。想拥有好口才、把话说好并不是一件很容易的事情。

针对第二个误区，笔者很想告诉大家的是，口才并不是一种天生的才能，它跟学习其他技能，比如开车、游泳、画画、弹钢琴等一样，也是靠后天刻苦训练出来的。古今中外历史上那些能言善辩、语惊四座的演讲家、雄辩家、谈判大师，像林肯、马丁·路德·金、阿道夫·希特勒、罗杰·道森、昆体良、李燕杰、彭清一、曲啸……他们无一不是靠刻苦训练而获得巨大成功的。

诚然，练口才不仅要刻苦，还需要掌握一定的方法。如果能掌握科学的方法，就会收到事半功倍的效果，早日成才。笔者也坚信：只要选择了最适合自己的方法，加上持之以恒的刻苦训练，每个人都会成为杰出的演说家和口才大师。

说到口才训练方法，笔者突然想起一位学员自我训练口才的故事。他在报读笔者举办的演讲口才班之前，每天都拿着《世界上最伟大的推销员》那本书在深圳荔枝公园里高声朗读，坚持了两年多的时间。直到有一天，公园里的一位清洁阿姨实在看不下去了，她说："小伙子，你就别练了，好不好？我听你朗读都两年多了，还是老样子，一点改变都没有，一直这样练下去，有意义吗？"

从这个真实的故事可以看出，学习口才首先要选择恰当的训练方法，同时也必须选择最佳的训练材料，否则，不但浪费了宝贵的时间，还会让自己失去学习口才的信心和兴趣。

一、什么是麦肯锡三叉树模型

既然讲到了口才训练，那哪些方法才是有效的呢？我们应该先用哪种方法开始训练呢？为了很好地回答这个问题，我们先来看一个非常经典的理论——麦肯锡三叉树模型（见图0-1）。

麦肯锡是一家全球性管理咨询公司，很多咨询顾问需要面对客户进行演讲，于是，新员工在进公司之后，都必须系统地学习金字塔原理和麦肯锡三叉树模型。我相信大家对芭芭拉·明托发明的金字塔原理已经非常熟悉了，它能让我们的思考、表达更有逻辑性，该理论可以用一句话来概括：结论先行、以上统下，归类分组、逻辑递

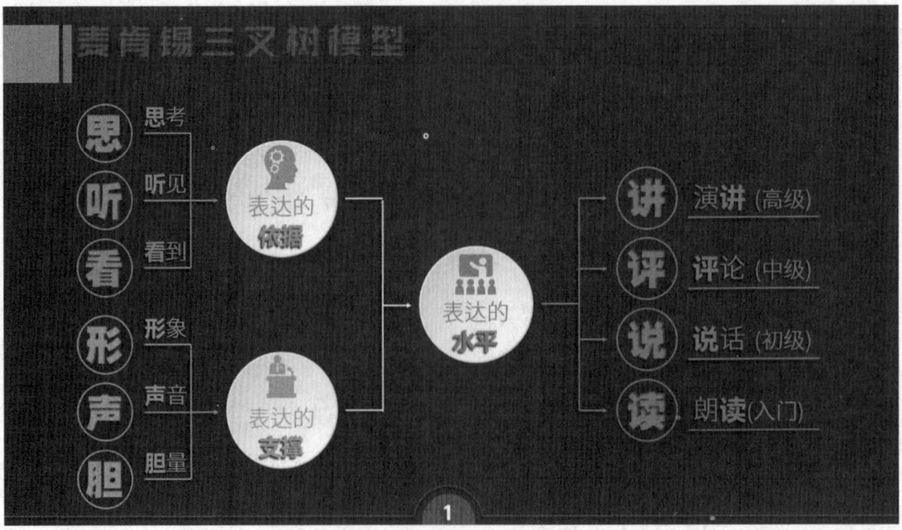

图 0-1

进。但是，大家对基恩·泽拉慈尼所提出的三叉树模型还不是很了解，甚至可能是第一次听说。所以，笔者决定把这个模型推荐给大家。

如果说金字塔原理能提高表达的逻辑性，那么，三叉树模型则可提高表达水平。该理论的主要内容有三部分：第一部分为表达的依据，即一个人为什么能够做出这样的结论和发表如此的观点，是他亲眼看到、亲耳听见，并结合自己思考的结果。第二部分为表达的支撑，即支撑着一个人在他人面前侃侃而谈的是：过人的胆量、激扬的声音和专业的形象。第三部分为表达的水平，即想真正地提高一个人的表达能力，必须循序渐进，先从朗读开始，再过渡到说话、评论，最终达到演讲的水平。

下面，笔者将结合个人实战经验对这个模型进行详细的讲解。

1.表达的三大依据：看到、听见、思考

表达是需要依据的，有这么一个小故事：古时候，有位秀才三次到省城赶考，都没考中举人。他的老婆对此非常不解，责怪他说：“难道你们男人写文章有我们女人生孩子那么难吗？真是的。”这位秀才叹了口气回答：“老婆啊，你根本不知道，你们女人能够生孩子，是因为你们肚子里有‘货’！现在我呢？肚子里没‘货’。所以，还没考上。”

这个小故事很精彩，它间接地告诉我们：当众演讲跟生孩子一样，它是需要肚子里有“货”的，如果没有“货”，就是巧媳妇难为无米之炊。

既然如此，那表达的“货”，也就是演讲的内容或者说表达的依据是怎样得来的呢？为了更好地回答这个问题，笔者想在此借助一下认知心理学的知识（见图0–2）。

认知心理学告诉我们，人的认识过程是这样的：信息通过感觉和知觉这两条途径输入了大脑之后，再经过记忆和思维这两种方式进行处理，最后以语言等形式输出。也就是说，认识过程一共分为三个阶段，感觉和知觉为输入阶段，记忆和思维为处理阶段，语言为输出阶段。

大家看到了吧，第三个阶段才是语言输出，至于输出的语言是否精彩，它取决于前面的两个阶段。

在第一个阶段中，所谓的感觉和知觉，说白了就是细心体验生活，认真观察事物

图 0–2

的意思。就像一名咨询师，不但要认真倾听老板的倾诉，还需细心观察员工的举动。只有这样，咨询师才能做到让咨询水平达到别人达不到的高度。

在第二个阶段中，它还继续分为两个环节。第一个环节是记忆，意思是，对我们观看过的场面、倾听过的话语，最好能记下来。因为只有记下来，哪怕仅仅是记住其中最重要的那部分，我们才有东西好说。第二个环节是思维，这个环节非常重要。因为我们在表达时不仅要列举曾经看过的、听过的信息，而在这其中，还需要对输入的信息进行处理。比如，在内容总量上，哪些材料是不需要的，哪些材料是需要压缩篇幅的；在内容整理上，哪些材料是需要分门别类的，哪些材料是需要打散之后再跟其他材料重新组合的；在内容安排上，哪些材料是需要萃取精华的，哪些材料的次序是需要重新安排的；等等。为什么要如此“折腾”呢？因为只有信息被处理妥当之后，才会显得更有逻辑性，才会符合人们的思维习惯。就像一名咨询师，如果不把资料整理成符合MECE原则（相互独立，完全穷尽），是很难说服客户接受他的方案的。

总之，要想训练自己的表达能力，如果从专业的角度出发，无非是要训练这四大能力：观看能力、倾听能力、记忆能力、思维能力。如果用通俗的语言来讲，主要是从如下三个方面进行自我提升：

（1）看到

我们都知道，人往往都是有感而发的。观察事物时越专注，自己的体会也就越深入，所发表出来的言论也会越深刻。同时，观看的对象越不同，供自己选择的材料也就越多样，所发表言论的涉及面也会越广泛。所以，对口才学习者来说，必须多看，多看，再多看。因为这既是一种基本素养，又是一项长期修行。既然如此，想提高口才的我们应该如何“看”呢？应该看哪些东西呢？笔者的建议如下：

从深度来讲，“看”的程度有三级。依次为：粗阅，也就是粗略地看、选择性地看；浏览，也就是普通地看、正常速度地看；端详，是仔细地看、反复地看。

为什么会有三种情况呢？因为人的精力有限，我们只能根据不同的对象、不同的目的而选择不同的“看”法。

从广度来看，“看”的对象有五种，依次为图书、图画、影像、风景、场景。

一般来讲，图书作品是我们阅读的重要对象，因为大多数书籍属于益智类，差不多荟萃了人类所有的知识和经验。当然，也不排除有一部分书籍属于消遣类，主要供我们打发时间。

图画包括绘画作品、书法作品、摄影作品等，这类作品可以提高我们的鉴赏能力，培养我们的审美能力。

影像有纪实类、虚构类（电影和连续剧）、教学类等三大类，这类作品比较直观，交互性较好。所以，我们对其的获取也比较便捷。

风景指的是我们在旅途上所看到的各种景象，它可以开拓口才练习者的视野，陶冶情操。

场景指的是我们所经历过的重要事情。这个对我们的成长帮助更大，人们不是常说“读万卷书不如行万里路，行万里路不如经万种事，经万种事不如见万个人”吗？

在这五种对象中，总体来讲，前面三种的吸收，是间接经验的增加；后面两种的获取，是直接经验的积累。分开来讲，阅读图书，可以增加学识；欣赏图画，可以提高审美能力；观看影像，可以扩展知识面；欣赏风景，可以增长见识；经历场景，有利于我们成长。

（2）听见

尽管说，我们了解世界，大约有90%的信息获取来自眼睛，仅有10%的信息的获取来自耳朵。但是，“听”也是非常重要的。所以，笔者在此对其做一个概括性的总结。

从深度来看，“听”的程度也有三种：随听、选听、聆听。随听就是随意听一听，不是很专心、很用心的样子；选听，就是有选择性地听，并没有听完全部；聆听，指的是认真地听、细心地听、反复地听等。

在这里，前面两种“听”，相信大家都容易理解，比如，有些内容，你觉得用处不大，就随便听一听，或者选其中某段听一下即可。那为什么这个世界上还存在着某些声音，需要我们反复地听和仔细地听呢？

这是因为有声语言是口耳之学。当耳朵没有经过长期且系统的训练时，它的分辨能力可能不够强，所获取的有声信息可能会不够全面，于是，就影响到了表达效果。所以，无论在音准方面还是在意会方面，要想让自己达到专业水准，是必须要下苦功夫的。

在音准方面：比如，你想学习某种语言并要求做到语音标准，或者想模仿某位名家的风格并要求做到语调一模一样，那你就必须重复上百次听某段作品。并且，年龄越大，特别是年龄已经超过22周岁的人，需要听的次数就越多，因为心理学对此研究的结论是：人对语言的敏感期为0～6岁，弥补期为6～18岁。

在意会方面：有时候，某些话需要我们认真地聆听，才能彻底悟透它究竟表达了什么意蕴、彰显了何种思想。

从广度来看，“听”的对象有三类：听书、听节目、听新闻。

听书是看书的另一种形式。客观地讲，有声书籍的优点非常明显，首先是朗读者语音标准、声音好听，给人以一种美的体验。但是，它也有缺点，就是听书者不能自主把控节奏。它不像纸质书，阅读者可以自己把控阅读的节奏。

听节目的内容很广泛，它还包括听音乐、听戏曲、听相声、听评书等。这些节目虽然不是口才学习者非常需要的，但可以提高我们的鉴赏能力，提升我们的文艺素养。

听新闻是获取最新信息的一种有效手段。所以，作为口才学习者，我们应该注重培养长期听新闻的习惯。

（3）思考

当外部信息经过“看”和“听”这两条途径被吸收进来之后，我们的大脑是要对这些信息进行整理的，而这部分的工作就叫作“思”。

所以，这里的“思”，指的是思考。也就是思考着怎么做，才能把信息整理得更有条理性。笔者认为，“思”依次分为如下四个阶段：

选材。其实，我们从外部收集的信息（也就是材料）还是挺多的，但是，并不是任何一种都需要。所以，这个时候我们就要进行取舍了。怎么选取呢？原则有四个：

必须符合主题、必须真实可靠、必须典型、必须生动。

搭架。所谓的搭架，就是给演讲稿勾勒出一个大致的框架。一般来讲，它包括两部分：一是体量。意思是演讲者需要演讲多长时间、这篇演讲稿到底要写多少字。二是结构。演讲稿的结构一般由题目、开头、正文、结尾四部分组成。

定路。定路就是确定演讲稿的写作思路，即演讲稿主体部分的写作思路。写作思路大体上有三种：先总后分，先分后总，总分再总。至于常规思路，一般为总分再总。像麦肯锡咨询顾问写方案时所采取的金字塔结构，就属于总分再总思路。

填料。这部分的主要工作是根据演讲稿框架的需要和写作思路的要求，将精选出来的材料，填充进去。当然，在填料的过程中，我们还有两步非常重要的工作要做。一步是增减，即根据演讲主题的需要，确定哪些材料是需要扩充的，哪些材料是需要压缩的，哪些材料是干脆不要的。另一步是重组，也就是把两种材料分别打乱之后，每一种材料只摘取其中的一部分，再重新组合成符合演讲主题的新材料。

总之，填料工作做完之后，演讲稿的初稿就出来了。我们已经有表达依据了，已经有内容可讲了。

2.表达的三大支撑：胆量、声音、形象

上文我们讲解了关于表达的依据，也就是我们该怎么做，才能获得精彩的演讲内容。但是，我们别忘了，光有好的演讲内容是远远不够的，因为这并不能保证你的演讲肯定会出彩。

曾有演讲大师是这么介绍自己的成功经验的：演讲缺少了激情，再好的内容也是花瓶。所以，我们还要认认真真来对待“有时候演讲技巧比演讲内容更重要”这个问题。

那么，在口才训练的过程中，在演讲技巧方面，也就是在表达的支撑上，我们应该从哪几方面入手呢？笔者结合自己多年的实践和教学经验，认为应该从胆量、声音和形象这三大方面来提升自己。

（1）胆量

可以这么说，作为口才学习者，胆量够大才行，如果一上台就很紧张，那就会影响到演讲的效果了。

既然如此，那应该怎么做，才能让自己不紧张呢？笔者认为，胆量训练要经过

三关。

第一关是敢说。也就是当众讲话时，你必须落落大方地站在公众的面前，在大家的“关怀”下，鼓起勇气，说出你心中想说的话。为什么有些人在台下可以心平气和地跟别人聊天，而在台上却变得胆小如鼠了呢？归根到底，这是心理素质的问题。其实，想突破恐惧关，并不是很难。只要深刻理解恐惧的形成原因，并付诸行动，经过10来次上台演练后，你就敢说了。

第二关是自信地说。也就是说，这个时候，你站在大家的面前，已经不再紧张了。但这时的你，也许还有某些顾虑，只能说几句话，不能说很多。并且说起来，会有卡壳、啰唆、逻辑混乱的现象。不过，这些你先不要管，你要“目中无人”地说出你的观点，不管怎样，也要把心中想说的话，毫无保留地说出来。

第三关是有分享欲地说。也就是说，你必须拿出自己最好的东西来跟大家分享。例如，有一位摩托罗拉的中国大区经理，在给新业务员做演讲时，他的开场白是这样的：“各位伙伴，大家下午好！8年前，我跟在座的各位一样，也是从一名普通的业务员开始我的职业生涯的，经过几年的锻炼后，现在我已是一名年薪百万的大区经理。今天，我跟大家分享的话题就是：如何从一名新业务员成为一名成功的大区经理？希望我今天的演讲能起到抛砖引玉的作用，也相信在座的各位，8年后能比我更加优秀。”

为什么要把最好的东西拿出来跟听众分享呢？因为你对它最熟悉，所以你肯定能讲好它。

说完这三关之后，最后总结一下，在心理素质方面，我们必须明白，表达的最高境界是“点燃自己，引爆别人”。而在演讲过程中，听众是冷却的冰，演讲者是烧红的铁，不是铁让冰沸腾，就是冰让铁冷却。所以，演讲者不但要让听众听到自己的演讲内容，更重要的是去感染听众。

（2）声音

有名家说，声情并茂是演讲者在表演方面的最高境界。此话不错，但是，怎样训练才能让自己做到以声达情，以情感人呢？笔者认为，这还需要从声音的三个维度来提升自己。

首先是音准，即语音标准。

其实，如果一个人一辈子都生活在北京，那他的普通话一点问题都没有。但如果一个人出生在南方还一直在南方工作，那他讲话就可能带有南方的口音了。比如，湖南人，经常f、h不分；江西人，经常l、n不分；而广东人，经常平舌音、翘舌音不分，连前鼻音、后鼻音也不分。

想要纠正读音，是一个非常痛苦的过程。

第一步，先找出自己到底有哪些音节读不准。怎么找呢？请来普通话标准的朋友，你将《汉语拼音方案》上面的声母、韵母、音节、声调分别读给朋友听，让朋友指出读音错误的地方。

第二步，购买有声读物，将光盘上的音频素材拷贝到手机上，经常听一听自己读不准的那些音节。可能刚开始跟读的时候，总觉得自己的发音跟示范者的发音也差不多，但是，坚持听一段时间之后，就会发现差别越来越大了。要多听多练习，自己的发音就会慢慢地修正过来了。

其次是音美，也就是声音优美。

声音是否好听，多半取决于声带。因为声带是先天的，比如声带的长短、厚薄、表面光滑度等这些参数基本上是固定的，所以，想通过后天的训练去改变自己的音色，确实有点困难。

不过，除了音色这个指标之外，想让声音的其他方面变得更好，像音量、音高、音长、共鸣音准等，通过后天的训练是完全可以达到的。

比如，说话总是软绵绵的，既没有震撼力，也没有穿透力，半点激情都没有，一提高音量就上气不接下气，觉得累得不行。针对这种情况，我们完全可以采用深度呼吸这种训练方法。

再如，说话声音偏小，既不响亮，也不洪亮，说白了就是完全没有共鸣。针对这种情况，我们也完全可以通过后天的发声训练来加以改善。

最后是调美，也就是语调优美。

语调最能体现演讲者的情感，基本语调有停顿、快慢、重音、抑扬等四种；特殊语调有倒抽、喷吐、深叹、虚声、颤音、拖腔、笑言、泣语、沙哑、尖声等十种；综合语调有激情、抒情、煽情等三种。而这些语调都是可以通过后天训练掌握的。

（3）形象

在这里，形象指的是态势语言。它还包括仪表、身姿、手势、表情、眼神等五大方面。

仪表，是指人的外表，它包括身材、相貌、服饰、妆容等外在因素，以及由这些因素综合体现出来的气质。

仪表对演讲者来说实在太重要了，它可以反映出一个人的精神状态和礼仪素养。如果演讲者以出众的身材和优雅的仪态出现在观众面前，那么肯定会给观众留下良好的第一印象，并能很自然地缩短演讲者与观众的心理距离，赢得观众的关注和尊重。

身姿，是指人的自然形体在空间的形象展现，它由头部、身躯及双腿三部分动作组成，具体动作名称包括坐姿、站姿、走姿、蹲姿等四种。但在演讲中，最常见的是站姿和走姿这两种姿态。

手势，也叫手势语，它指的是人们运用手臂（包括手指、手掌、拳头、肩臂等）的运动变化来显现事物、表现情感和体现意义的一种态势语言。

可以这么说，在所有的态势语言中，由于手势的使用频率高、动作幅度较大、表达自由、形态变化多，因而它的表现力、吸引力和感染力也很强，能表达出丰富多彩的思想感情。

演讲者一般是根据演讲内容的需要，来选择以手臂哪个部位为主来做手势的，使用最多的应该是手指、手掌、拳头。

表情，是指个体情绪或者情感的外在体现。

人类的表情有很多种，但在演讲中，常用的表情有七种：快乐、悲伤、愤怒、恐惧、惊讶、厌恶、轻蔑。

眼神，也称目光语，它指的是眼睛的神态。

对于一名演讲者来说，眼神不仅仅是信息的传递、情感的外露，更重要的是风采的展现。如果演讲者善于使用目光语，那么他的脸部表情会显得更加丰富，更易于让他跟观众交流，并能让其产生积极的心理暗示。

（注：上面所列举的关于身姿、手势、表情、眼神等方面的训练方法，会在后面的章节中进行详细介绍。）

3.表达的四个层级：朗读、说话、评论、演讲

有了精彩的演讲内容（即表达的依据），也有了高超的表演技巧（即表达的支撑），那这场演讲应该能语惊四座了吧！

理论上，可以这么认为。但事实上，这个过程还是挺漫长的。这不仅仅是因为表达水平的提高不是一蹴而就的，更重要的是，表达是分层级的，我们最好一个台阶一

个台阶地去攀登。

表达一共分为四个层级，依次为朗读（入门级）、说话（初级）、评论（中级）、演讲（高级）。

（1）朗读

为什么要把朗读列为表达的入门级，这是因为口才的提升必须从最基础的训练开始，而朗读就是锻炼基本功的最佳方法。

我们经常会看到一些演说家在舞台上是那么的耀眼、那么的光芒四射，时而慷慨陈词，时而深情诉说，时而快速高声质问，时而缓缓低沉叙述。总而言之，舞台上那些演说家的演说跟我们平时说话的语调很不一样，他们的爆发力和感染力也远远超出了平常人的想象。

其实，他们的语调能够如此抑扬顿挫、表情如此丰富夸张，跟他们早年的刻苦训练和平时的坚持演练是分不开的。

就拿著名演说家李燕杰教授来说吧。20世纪80年代，他的演讲已经风靡全国了，他所到之处，场场爆满，深受听众的热烈欢迎，被尊称为亿万年轻人的精神导师。而他将自己的演讲稿结集出版之后，也被读者疯狂抢购，一时间洛阳纸贵。

但是，当真相被说出的时候，很多人可能都不相信自己的耳朵了。因为李燕杰教授在北京师范大学中文系攻读汉语言文学专业的时候，就已经对朗诵产生浓厚的兴趣了。那时，他几乎天天都在诵读经典名篇和名家佳作，像叶挺的《囚歌》、高尔基的《海燕》、诸葛亮的《出师表》、范仲淹的《岳阳楼记》等作品，老早就被他背诵得滚瓜烂熟了。

所以说，朗诵水平高的人不一定能成为演说家，但演说家必须拥有高超的朗读技巧。因为如果连读都读不好的话，那就谈不上说，也更谈不上演讲了。

（2）说话

需要声明的是，这里所提到的说话，是指当众讲话或者现场说话等，它跟我们平时所谓的聊天是完全不一样的。大家一起聊天时，没有主题也无所谓，你我可以聊各自喜欢和熟悉的话题，并且话题从哪里开始，到哪里结束都没人管；内容可以没有条理，只要大家能听懂就行；可以用日常通俗的语言来交流，没人会说你没文化……而当众讲话却不一样，要了解讨论的主题是什么，必须按照某些规定来发表意见，不能随自己高兴而任意发言，表达要做到准确、简洁，不能使用方言或者听众听不懂的俗语、暗语等，如果有人反驳与质疑，那么你要及时补充或者加以说明……

大家看到了吧，当众讲话跟平时聊天根本不是一回事，它毕竟属于表达水平的初级阶段，这可不是闹着玩的。

其实，我们需要当众讲话的场合还是蛮多的。比如，头脑风暴研讨会上，公司的周会、月会上，年度工作计划、年度工作总结会议上。

所以，我们必须拥有这种技能。

既然这种能力如此重要，那么我们应该怎么做，才能快速掌握它呢？笔者的建议如下：

第一步。在参加会议之前，先根据会议通知的要求，确定自己的讲话主题，并将要讲的要点一条一条罗列出来。之后，编排好这些要点的先后顺序，以讲话大纲的方式记录在工作笔记本上。

第二步。参加会议时，打开工作笔记本。如果听到其他同事提出有价值的观点，就记在讲话大纲的旁边。有时候，可能还需要一边记录一边修改自己原先拟好的讲话大纲。

第三步。轮到自己发言的时候，不用着急，依着修改好的讲话大纲，慢慢地向大家说出自己的观点。

笔者总结认为，当众讲话能力的提高，也是长期锻炼的结果，而会议发言则是最佳的训练途径。

（3）评论

如果说，当众讲话是把个人观点、个人想法，有条理地向他人讲出来的话，那评论跟它就有点不一样了。无论是新闻评论、财经评论、体育评论，还是电影评论、读书评论等，它都是以原对象为基础，结合自己的心得体会所发的评论性讲话。

所以说，相比当众讲话，现场评论的难度会更大一些，毕竟现场评论属于表达水平的中级阶段。

不过，想要做好一场评论，也不是很难，它的通用模板如下：

概括要点。首先，我们必须明白，评论不是复述。所以，我们无须浪费口舌对评论对象进行详细的介绍。其次，既然是评论，相信看过所评论对象的人都知道评论对象的大概内容了。所以，我们仅需摘取其中的重要内容、主要观点就可以了。

选取角度。一般说来，同样的评论对象，如果从不同的角度出发，就会有不同的结论，正所谓“横看成岭侧成峰”。所以，评论者必须学会分辨，然后再选取适合自己发表评论的角度。另外，现场评论切忌长篇累牍，因为如果评论的篇幅太长的话，就不是评论，而是论述了。

提出观点。其实，针对作品进行评论，并不一定要求是石破天惊的高论，而是有观点明确的言论就行。比如，对于某种现象，你是赞成还是反对，这个鲜明的观点必须摆在前面。之后，你再针对自己的观点展开论证。总之，观点一定要明确，不能出现模棱两可、骑墙两下的情况。

阐述观点。即围绕自己的观点进行阐述。在这里，我们必须注意：阐述不是指随意发表言论，而是指进行严谨的评论。什么是严谨的评论呢？就是拿出典型的事例和科学的数据进行说明和论证，尽量让别人认同你的观点。另外，我们还须明白：所阐述的观点只能是一个，不能出现观点分散的情况。

格式适合。不可否认，评论跟议论文还是有些类似的，都是由标题、开头、正文、结尾组成。所以，现场评论的方法也大致有三种。一是观点直接摆在前面；二是先评论再亮出观点；三是一边论述一边说明观点。到底要选哪种方式呢？具体要看个人的喜好了。

表达简练。刚开始做现场评论的初学者，往往喜欢长篇大论，结果，听众听了半天也搞不清楚他到底在说啥。出现这种情况的主要原因就是，他的分论点太多了，把听众整蒙了。所以，我们一定要控制整个篇幅。一般来讲，我们必须把评论时间控制在5分钟之内，也就是评论内容为800～1200字即可。

（4）演讲

完全可以这么说，演讲就是表达水平的最高级别了。它不但要求表达者具有超强的表现欲，能把握听众的心理、知道听众想听什么，还要求表达者具有非常好的表演天赋，像什么仪表得体、身姿优雅、手势潇洒、表情丰富、眼神到位等，他都能做到；像什么音准、音美、调美等，他也掌握得很不错。更重要的是关于演讲内容，也就是所谓的演讲稿，他也写得非常棒，完全可以做到：主题深刻、材料新颖、思路清晰、结构合理、文字生动。

不过，上面所讲的，都是一些概括性的总结。如果要具体一点来说明，那么就是，什么样的表达才能达到演讲的水平呢？具体要求如下：

言之有心。所谓言之有心，就是很用心地去演讲。其一是同理心，能从听众的角度出发，善于把握听众的心理；其二是自信心，对自己的演讲很自信。具体表现为——

在公众面前，能从容不迫、畅所欲言。

演讲时，能完整地将自己的观点表述出来，没有忘词。

面对客户、异性朋友、上级领导、权威人士，说话时都不受任何影响。

演讲时，碰到有意刁难者，有抗干扰能力，能把控住整个场面。

知道听众想听什么样的话，不说可能会让听众不高兴的话。

能及时观察听众的表情变化，并随之调整自己的演讲内容。

言之有势。所谓言之有势，就是演讲时有声势、有气势。具体表现为——

声音：演讲时，声音洪亮，能引起共鸣，有穿透力、震撼力。

语速：演讲时，节奏富有变化，能快能慢，特别是语速快时，有一股排山倒海之势。

语流：演讲过程中，几乎没有或者很少有卡壳现象。

语调：演讲过程中，能恰当运用重音、停顿、抑扬等常用语调，低音时，能引起听众动容；高声时，能使听众兴奋。并能长时间得到听众的关注，可随时引发现场高潮。

语音：普通话标准，吐字清晰、圆润、有力。

言之有情。所谓言之有情，就是整个演讲过程中充满感情，表情丰富，肢体语言恰到好处，有抒情，也有激情。具体表现为——

能主动恰当地运用眼神与台下的观众交流。

手势等肢体动作自然协调、表意准确、潇洒有力。

能准确运用丰富的面部表情。例如，兴奋、忧郁、愤怒等。

言之有物。所谓言之有物，就是整个演讲中，有思想、有内容，而不是让人觉得空洞无物，什么都没有。具体表现为——

言之有序，即演讲内容条理性很好，而不是杂乱无章。

言之有章，章就是章法，即演讲内容详略得当、紧扣主题、构思周密、见解深刻、角度独特，听众愿意听，而不是像懒婆娘的裹脚布——又长又臭，也不是博士买驴——书券三纸，未有驴，更不是八十老翁练琵琶——老生常谈（弹）。

言之有趣，即演讲中，用词生动活泼、幽默有趣，让听众过耳不忘，而不是味同嚼蜡。

言之有理，即演讲时，所表达的观点有根据、有道理，说服性强，而不是歪理邪说，更不是胡说八道。

言之有用。所谓言之有用，就是话说出去后能起到很大的作用。具体表现为——

对自己有用。无论在任何场合，都能迅速构思，张口就来，将自己的想法、观点很好地表达出来，同时演讲内容还符合自己的身份和场合的要求。

对听众有用。也就是让别人听完自己的演讲后，能从中得到某种启发，或者能从中悟出某些道理。

上文已经详细地介绍了好口才练习效果的评估标准，那接下来就言归正传了。我们应该设置什么样的训练课程，才能让自己达到上文所述的要求呢？

请各位继续往下看！

二、好口才课程体系介绍

介绍完麦肯锡三叉树模型之后，笔者继续介绍针对该模型而设计的系列训练课程。

笔者认为，好口才课程体系包括如下两大方面（见图0–3）。

1.12堂基础课让你基本功非常扎实

基础课一共有三类：练胆、练声、练形。

第一类，练胆。即训练自己的胆量。也就是通过一系列行之有效的训练方法，让自己能够落落大方地站在公众面前，很自信地，甚至很有表现欲地讲出自己在台下已经想好的话。

第二类，练声。即训练自己的声音。在这里，也是指通过一些很好的训练方法，让自己的声音更加悦耳动听，引起共鸣；让自己的语音更加规范，字正腔圆；让自己的语调更加抑扬顿挫，富有吸引力。

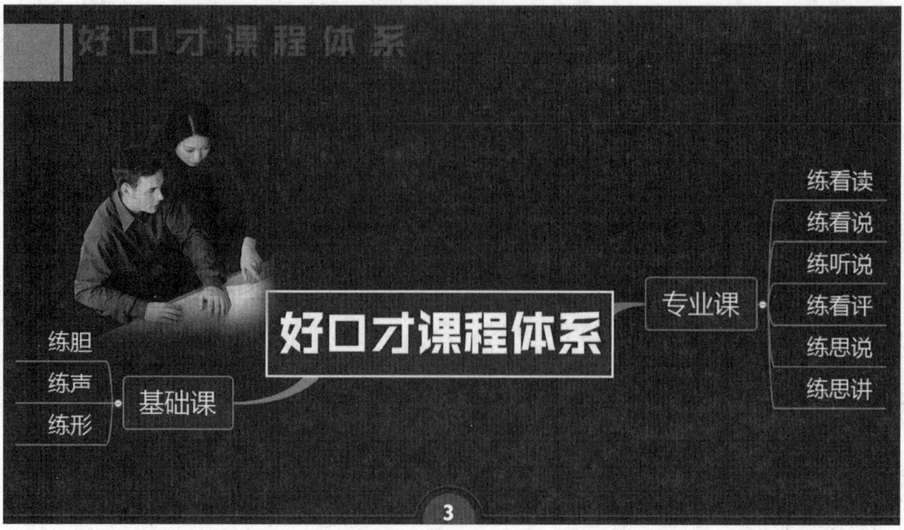

图 0–3

第三类，练形。即打造自己的专业形象。练形还分为五个方面：一是通过学习相关知识，提高自己的审美能力，让自己更有品位。二是通过某些特训方法，让自己身姿优雅，举止大方。三是通过相关肢体动作训练，让自己的手势更加潇洒，更有感染力。四是通过特殊的训练方法，能快速调动表情肌，让自己的表情更加丰富。五是通过一系列的转眼练习，让自己的眼神更加犀利，更能吸引现场的听众。

2.12堂专业课让你的口才稳步提升

专业课一共有六类：练看读、练看说、练听说、练看评、练思说和练思讲。

看到这样的训练专题，可能有朋友就有疑问了，前面不是说得好好的，要多看，多听，多思考，怎么变成这样了呢？

前面确实是那么说的。但是，如果以“看、听、思”为专题去训练的话，那就不好搞了。因为这三个专题涉及的内容太多了，根本找不出与之对应的训练方案和训练方法，不知道该从何入手。

所以，笔者决定把表达的依据——“看、听、思”和表达水平的层级——“读、说、评、讲”结合在一起，这么一来，不但能让我们找到相应的训练方案和评估手段，还能让我们的训练循序渐进、稳步前行，达到预期的效果。

好了，大家都知道专业课是怎么设置出来的了，那接下来，笔者就对其做一下简单的介绍。

第一类，练看读。即训练我们一边看某材料一边朗读的能力，或者看完某材料之后凭着记忆将其准确无误地背诵出来的能力。在这里，我们必须注意：练看读是有要求的，那就是严格到不能读错任何一个字。

第二类，练看说。即训练我们看完某材料之后，能说出它的主要内容的能力。在这里，我们要明白，练看说跟练看读是有着本质上的区别的。练看读，必须准确无误地将原材料逐字逐句读出来才行；但练看说，能将原材料中的主要内容说出来就可以了，并没有要求达到一字不漏。所以，训练者可以忘掉其中一些自己认为不重要的内容，也可以增加一些自己认为很重要的东西。

第三类，练听说。即训练我们听完某信息之后，将它叙述出来的能力。可以这么说，它的要求跟练看说一样，不需要按照原话百分之百地叙述出来，只要能抓住重点就行，既可以遗漏一些不重要的内容，也可以增加一些自己的见解。

第四类，练看评。即训练我们在观看某个场景时，一边叙述一边评论的能力，或者看完某种东西之后，再对其做边叙边议的能力。总之，这种训练方法，重在议论，而不在于叙述。它不同于上面的练看说和练听说，它比前面的三种训练方法更高级。

第五类，练思说。即训练当众讲话的能力，也就是根据主题，经过一番深思熟虑之后，将自己内心想说的话，有逻辑、有顺序地说出来的能力。大家看到了吗？练思说，又比前面四种训练方法更加高级了。它不会给训练者提供任何材料，只给出一个主题，让训练者去构思并发表讲话。

第六类，练思讲。即训练当众演讲的能力。完全可以这么说，这是最高级的训练方法了。它让训练者根据演讲主题的要求，自己拟定题目，自己设计大纲，自己写演讲稿或者拟好腹稿，然后声情并茂、富有感染力地把这些内容完美地呈现在听众的面前。

所有的课程都介绍完了，笔者最后把这9类总共24堂课以一张图的方式展现如下（见图0–4），让朋友们提前知道接下来的章节将会涉及哪些具体的训练内容。

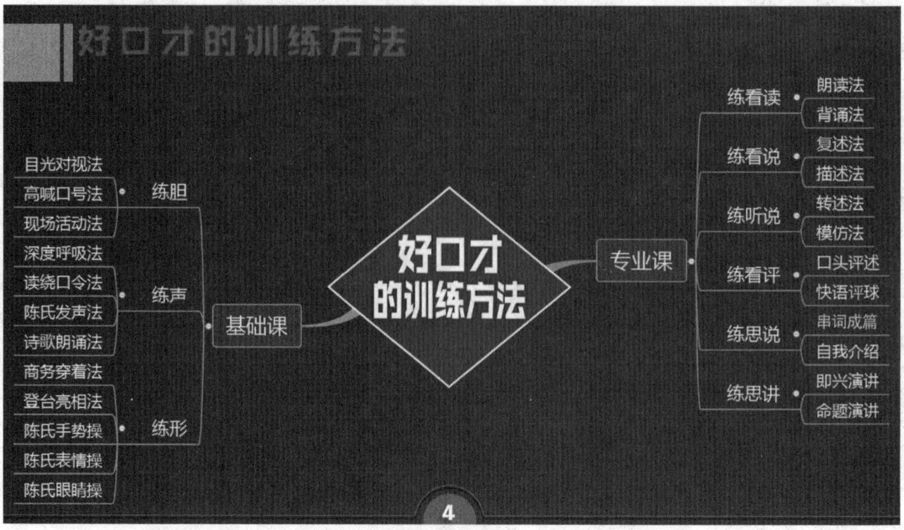

好口才的训练方法
好口才的训练方法
基础课
练胆
目光对视法
高喊口号法
现场活动法
练声
深度呼吸法
读绕口令法
陈氏发声法
诗歌朗诵法
练形
商务穿着法
登台亮相法
陈氏手势操
陈氏表情操
陈氏眼睛操
专业课
练看读
朗读法
背诵法
练看说
复述法
描述法
练听说
转述法
模仿法
练看评
口头评述
快语评球
练思说
串词成篇
自我介绍
练思讲
即兴演讲
命题演讲
4

图 0–4

第一部分

练看读

朗读法，既能增强表达的节奏感，又能使情感极其丰富

在工作、生活中，我们常常会碰到这种情形：有些人嘴皮子不够利索，说话很费劲，老是卡壳，让旁人替他难受；有些人表达不顺畅，时不时会说些口头禅，如：“这个嘛”“那个啊”，让人非常厌烦；更有一些人语速偏慢，声音偏低，还一边说话、一边拼命挤眼睛……

尽管说，现实生活中说话不够利索的人毕竟是少数，但是对于一名在口才方面有追求的演讲者来说，在表达的流畅度上，必须比普通人好才行。否则，就算演讲的内容再好，其精彩程度也会大打折扣。

所以说，在演讲内容撰写得不错的前提下，如果能很好地掌握表达的节奏，那么演讲肯定会更加精彩！

但遗憾的是，在辅导学员当众演讲的过程中，笔者发现大部分学员都需要进行提高演讲的流畅性、增强演讲的节奏感的训练，更有甚者，不仅说话老是卡壳，还时不时说些口头禅……曾有不少学员这样问过我：“陈老师，有些人说话很厉害，吐字清晰、语速又快，好像也不怎么用力，是不是天生的呀？”

笔者查阅了许多关于生理学方面的书籍，也跟一些学员推心置腹地交谈。有同学告诉我：“陈老师，不是我不想说得更快一些，而是我快不了。”也有同学告诉我：“陈老师，我是不想说口头禅的，但是我控制不住啊！”还有同学告诉我：“其实，我心里像镜子一样明白，思路清晰得很，但是，不知道怎么回事，一开始表达就乱套了。”

笔者明白了，个中原因应该是：这些同学的脑袋和嘴巴，总有一个慢了半拍。

要想解决这个难题，要么进行思维拓展训练，要么进行快速朗读训练，要么两者兼而有之。

于是，笔者决定先设计一个朗读训练方案。至于思维拓展方案，这要放到后面去讲解了。

一、什么是朗读

朗读，是一种出声的阅读方式，即把书面语言转化为有声语言的一种创造性活动。它既是深入理解文章的一种重要手段，更是锻炼个人口才的有效途径之一。它不但可以使人口齿伶俐、吐字清晰、语音准确、语流顺畅，而且对智力发展、情感表达、思想熏陶等方面的帮助更是无法估量。

二、经常朗读对表达能力的提高有很大帮助

了解了关于朗读的主要概念，如果再问：朗读法，对于一位想提高口才的学习者来说，到底有哪些具体的作用呢？经笔者总结，大概有如下三点。

1.朗读有利于语音规范

一般来讲，我们在进行朗读时，使用的都是普通话，因为普通话是全国的通用语言。

既然要用普通话朗读一篇文学作品，那必须对作品中的每句话、每个词、每个字的读音都要知道，比如，要了解其声母、韵母、声调、轻重格式、儿化、音变等问题。而这其中，对初学普通话的人来说，在朗读作品的过程中，比较容易发现问题，也比较容易纠正问题。但在平时说话时，由于没有文字依据，加上语速又快，就不容易感觉到自己在发音方面存在着一些问题，当然也谈不上如何去改正了。

所以，朗读文学作品，是纠正方言音，使语音规范、普通话标准的最佳途径。

2.朗读有利于表达顺畅和调整语调

可以这么说，表达中的一些小毛病都是长期形成的。比如，声音偏低，说话像蚊子叫一样；语调扁平，像读课文一样；语速偏慢，让听者很着急；表达不畅，老卡壳，让听者很难受……

如果想快速改掉这些毛病也是很不容易的，因为它已经形成习惯了。所以，我们只能通过特殊的训练方法，比如朗读，来加以改善。笔者发现，这种方法尽管不能速成，但是效果却是相当显著的。

3.朗读有利于提高演讲的感染力

我们都知道，好的文字作品，它的感染力非常强烈，能让人爱不释手、掩卷遐思，甚至还能让一些读者半天都走不出书本内容、回不过神来。

不过，相比有声语言，朗读的效果更胜一筹。如果是高水平的朗读，它不但能让欣赏者无比动容，有时被感动得声泪俱下，甚至还会让文字作品的作者感到无比惊讶："原来，我的写的东西竟然是如此深刻啊！"

所以，经常朗读的人，为了让自己的朗读能够完美地演绎出文字作品的魅力，他会在语调和音美等方面多下功夫的。比如，会让自己的语调更加抑扬顿挫，会让自己的声音更具个性。

所以，经常朗读的人，演讲的感染力会高于平常人。

三、这五种朗读方式你必须掌握

不可否认，朗读法的优点非常显著，它不受时间、地点的约束，无论在何时、何地，只要手中有一篇文章就可以练习。而且还不受人员的限制，不需要他人配合，一个人也可以独立完成。当然，如果有老师在旁边指导效果更佳。

为了能更好地掌握朗读这种口才训练方法，我们应先对朗读的各种方式进行分析，也就是按照难易程度从低到高将它们罗列出来，以便我们在训练过程中更好地做到循序渐进。经笔者总结，朗读的方式一共有如下五种。

1.低声朗读

就是小声朗读，它是在初次接触作品时所采用的朗读方式，其锻炼目的主要在于领会优秀作品的内涵和意境。

2.高声朗读

就是大声朗读，它是在对作品相当熟悉的情况下所采用的朗读方式，其锻炼目的在于进一步加深对作品的理解和领悟，以便让自己在朗读时，声音更加清晰、洪亮并富有感情。

3.慢速朗读

就是语速比较慢、每分钟在120个音节以下的朗读，其锻炼目的在于读准作品的每一个字音。

4.快速朗读

就是语速比较快、每分钟在240个音节以上的朗读，其锻炼目的在于锻炼语感和口头表达能力。

5.模仿角色朗读

就是惟妙惟肖地模仿各种人物说话的腔调，其锻炼目的在于提高表达的感染力和生动性。

四、朗读有五个层级，要一步一步来

介绍完朗读的五种方式之后，笔者觉得有必要把朗读的五个层级和与之对应的质量要求罗列出来，以便我们在开始训练的时候，心里非常清楚：应该先从哪种文体开始，应该先朗读多少字，等等。经笔者总结，朗读的层级一共有五级，依次为：

1.入门级

对象主要是刚刚开始学习朗读的口才爱好者。

所选用的朗读材料一般是古诗词，比如，李白的《静夜思》等。

字数在50～100字，值得注意的是，刚刚开始学习朗读时，不宜选择太长的文章，以免坚持不下去。

朗读的要求是口齿清晰、语流顺畅。

2.菜鸟级

对象为喜欢朗读的口才爱好者。

所选用的朗读材料为古诗词、现代诗、散文诗、韵文等，比如，徐志摩的《再别康桥》、车万育的《声律启蒙》、周希陶的《增广贤文》等。

字数在100～200字。

朗读时，不但要求口齿清晰、语流顺畅，还要求读音标准。

3.高手级

对象为朗读水平较好的演讲者。

所选用的朗读材料一般是古诗词、现代诗、古文、散文等，比如，朱自清的《春》等。

字数在200～400字。

朗读时，不但要求口齿清晰、语流顺畅、读音标准，还要求语调抑扬顿挫。

4.专家级

对象为朗读水平非常高的演讲者。

所选用的朗读材料为古诗词、现代诗、古文、散文等，比如，梁实秋的《雅舍》等。

字数在400～800字。

朗读时，不但要求口齿清晰、语流顺畅、读音标准、语调抑扬顿挫，还要求富有感情。

5.大师级

对象为朗读水平超高的演讲者。

所选用的朗读材料为古诗词、现代诗、古文、散文、微型小说、评书等，比如，史铁生的《秋天的怀念》等。

字数一般在800字以上。

朗读时，不但要求口齿清晰、语流顺畅、读音标准、语调抑扬顿挫、感情丰富，还要求富有感染力。

五、提高朗读水平的有效训练方法

朗读口才训练法的具体步骤一共有如下五步，现一一进行介绍。

1.选对材料

一般来讲，我们根据作品的情节性、意境性、时代性这三个特性，就可以区分出哪些作品是比较容易理解的了。

比如，故事类作品，包括小说、评书等，它的情节性强，意境性差，时代性不明显，所以，这类作品最容易理解。散文类作品，它兼有情节性和意境性，尽管时代性不明显，但要理解这类作品，是需要一定的生活阅历的，所以，这类作品不容易把握。现代诗，虽然时代性不强，但它的意境性非常强，所以，想要读懂它还是有一定难度的。古典类作品，包括古诗词、文言文等，这类作品意境性最强、时代性非常明显，所以，它是最难理解的。

但是，如果仅仅按照是否容易理解这条标准去挑选材料的话，我们会碰到一个很大的麻烦：比较容易理解的故事类作品，它的篇幅都比较长，不太适合朗读初学者，很容易让初学者坚持不下去。

于是，在选择朗读材料的时候，我们先不管这部作品到底属于何种文体，而是考虑这部作品是否具有较高的艺术性。

什么样的作品才算是艺术性较高呢？我们也有三大标准，那就是抒情性强、哲理性强、幽默性强的作品，说白了就是激励人们积极向上的作品。

为什么要选择艺术性高的作品呢？

首先，这类作品的文字很优美，有韵味、有内涵，不但能给人留下深刻的印象，还能陶冶人的性情，培养我们的兴趣，并让我们从此爱上朗读。

其次，这类作品几乎都是经过大浪淘沙之后而留存下来的经典作品，或者说都是经历了岁月沉淀而为广大读者所经常传阅的好作品。

最后，我们绝对不能选择那些低俗的、偏离社会主旋律的作品，或者思想消极的、三观不正的作品。

2.深挖背景

找到了合适的朗读作品之后，我们就必须去了解作品的时代背景。

这里所说的背景，包括作者所处的社会时代，以及作者本人的生平遭遇等方面。

为什么要去了解作品的时代背景呢？因为任何作品所反映的事物都不可能是孤立存在的，都是在一定的社会背景下所产生的。特别是优秀的文学作品，几乎都是不同时代的社会生活与作家个人的主观思想相互碰撞的结果。

因此，想要更深入地去了解作品，我们就必须去了解作者所在的那个时代，包括当时的社会政治、风土人情、生活习惯、宗教信仰等。只有这样，我们才能真正地走进作者的内心世界，才能真正地体味到作者当时的心情。

3.概括思想

了解了作者的写作背景之后，接下来，我们就要去领悟作品的中心思想和作者的写作意图了。

为什么还要领悟作品的中心思想呢?

因为只有理解了作品的中心思想，才能算是真正地读懂了文章，并从中受到启发、学到对自己有用的东西；因为只有理解了作品的中心思想，才能引起自己情感的强烈反应，让自己得到愉悦的精神享受，并使自己的精神境界得到升华；因为只有理解了作品的中心思想，才会促使自己主动地对文学作品所蕴含的审美价值进行思考，并用自己的人生经验加以诠释和补充。

那怎样去概括作品的中心思想呢？具体方法有四种：一是从标题入手。标题就是文章的“眼睛”，它暗示着作者的写作意图和思想倾向。二是从脉络了解。脉络是作者表达主题的思路。三是从关键语句突破。把文中反复出现的词句、含义比较深刻的词句、段落的中心句或者总括句等，按段落的顺序串联起来后，也能概括出作品的中心思想。四是从篇外信息揣摩。比如从作者的生活经历、创作风格以及作品的写作背景等方面进行揣摩，也能帮助我们概括出作品的中心思想。

4.处理文本

当充分理解了作品的中心思想之后，我们就可以进行朗读练习了。不过，在朗读之前，我们还要 “处理”一下该作品。

首先，默读该作品一遍，如果有不熟悉的生字或者生词，就马上拿出字典或者词典，弄明白它们的字音和词义。

接着，对作品进行标注。比如，用铅笔标注出停顿、重音、抑扬、颤音、拖腔等地方，以便在朗读时能够准确地表达出作者的思想感情。

5.朗读作品

接下来当然是运用多种方式进行朗读了。

首先，低声诵读，让自己的感情与作者的文字反复磨合。

然后，高声地慢速朗读，让自己读准每个字音，并让自己的情感跟作者的文字融合在一起。

接着，高声地快速朗读，让自己的声音更加洪亮。

最后，模仿角色朗读，让自己的表达快而准，并富有感染力。

六、能快速提高朗读水平的极佳训练材料

如果光了解训练方法，而没有通过合适的训练材料来进行练习的话，对口才的提高是没有帮助的。所以，笔者精心挑选了一些材料，供朋友们在进行朗读训练时使用。

韵文类作品。选择此类作品的目的是训练表达的节奏感。比如，《三字经》《千字文》《神童诗》《名贤集》《声律启蒙》《增广贤文》《朱子家训》等。这类作品是按照每句话字数的多少来排序的，经常朗读这类作品，不但可以提高自己表达的流畅度，同时也可以提高表达的生动度。

抒情类作品。选择此类作品的目的是训练情感的丰富性。比如，必须朗读的5首抒情类古诗词、必须朗读的5首抒情类现代诗、必须朗读的5篇文字优美的散文等，这些材料都是脍炙人口的古今名篇，既能提高自己的文学素养，同时又可锻炼自己的表达能力。

1.必须朗读的能增强表达节奏感的5种韵文类作品

（1）三个字作品

三字经（节选）

［宋］王应麟

人之初，性本善。性相近，习相远。
苟不教，性乃迁。教之道，贵以专。
昔孟母，择邻处。子不学，断机杼。
窦燕山，有义方。教五子，名俱扬。

养不教，父之过。教不严，师之惰。

子不学，非所宜。幼不学，老何为。

玉不琢，不成器。人不学，不知义。

为人子，方少时。亲师友，习礼仪。

朗读指导：三个字作品的主要朗读节奏为：×｜××。

（2）四个字作品

千字文（节选）

［南北朝］周兴嗣

天地玄黄，宇宙洪荒。

日月盈昃，辰宿列张。

寒来暑往，秋收冬藏。

闰余成岁，律吕调阳。

云腾致雨，露结为霜。

金生丽水，玉出昆冈。

剑号巨阙，珠称夜光。

果珍李柰，菜重芥姜。

海咸河淡，鳞潜羽翔。

龙师火帝，鸟官人皇。

始制文字，乃服衣裳。

推位让国，有虞陶唐。

朗读指导：四个字作品的主要朗读节奏为：××｜××。

（3）五个字作品

神童诗（节选）

［宋］汪洙

天子重英豪，文章教尔曹。

万般皆下品，惟有读书高。

少小须勤学，文章可立身。

满朝朱紫贵，尽是读书人。

学问勤中得，萤窗万卷书。

三冬今足用，谁笑腹空虚。

自小多才学，平生志气高。

别人怀宝剑，我有笔如刀。

朝为田舍郎，暮登天子堂。

将相本无种，男儿当自强。

学乃身之宝，儒为席上珍。

君看为宰相，必用读书人。

朗读指导：五个字作品的主要朗读节奏为：××｜×｜××。

（4）七个字作品

名贤集（节选）

［七言集］

佚名

贫居闹市无人问，富在深山有远亲。

人情好似初相见，到老终无怨恨心。

白马红缨彩色新，不是亲者强来亲。

一朝马死黄金尽，亲者如同陌路人。

青草发时便盖地，运通何须觅故人。

但能依理求生计，何必欺心做恶人。

才与人交辨人心，高山流水向古今。

莫作亏心侥幸事，自然灾祸不来侵。

朗读指导：七个字作品的主要朗读节奏为：××｜××｜×｜××。

（5）不定字作品

声律启蒙（节选）

［清］车万育

云对雨，雪对风，晚照对晴空。来鸿对去燕，宿鸟对鸣虫。三尺剑，六钧弓，岭北对江东。人间清暑殿，天上广寒宫。两岸晓烟杨柳绿，一园春雨杏花红。两鬓风霜，途次早行之客；一蓑烟雨，溪边晚钓之翁。

增广贤文（节选）

［清］周希陶

昔时贤文，诲汝谆谆。
集韵增广，多见多闻。
观今宜鉴古，无古不成今。
知己知彼，将心比心。
酒逢知己饮，诗向会人吟。
相识满天下，知心能几人？
相逢好似初相识，到老终无怨恨心。
近水知鱼性，近山识鸟音。
易涨易退山溪水，易反易覆小人心。
运去金成铁，时来铁似金。
读书须用意，一字值千金。
逢人且说三分话，未可全抛一片心。
有意栽花花不发，无心插柳柳成荫。
画龙画虎难画骨，和人知面不知心。
钱财如粪土，仁义值千金。

朱子家训（节选）

［明］朱柏庐

黎明即起，洒扫庭除，要内外整洁；既昏便息，关锁门户，必亲自检点。

一粥一饭，当思来之不易；半丝半缕，恒念物力维艰。

宜未雨而绸缪，毋临渴而掘井。

自奉必须俭约，宴客切勿流连。

器具质而洁，瓦缶胜金玉；饮食约而精，园蔬胜珍馐。

勿营华屋，勿谋良田。

三姑六婆，实淫盗之媒；婢美妾娇，非闺房之福。

奴仆勿用俊美，妻妾切忌艳妆。

祖宗虽远，祭祀不可不诚；子孙虽愚，经书不可不读。

朗读指导：不定字作品的主要朗读节奏，要根据每句话的字数，参考前面不同字数作品的朗读指导。

2.必须朗读的5首抒情类古诗词

茅屋为秋风所破歌（节选）

［唐］杜甫

八月秋高风怒号，卷我屋上三重茅。

茅飞渡江洒江郊，高者挂罥长林梢，下者飘转沉塘坳。

南村群童欺我老无力，忍能对面为盗贼。

公然抱茅入竹去，唇焦口燥呼不得，归来倚杖自叹息。

俄顷风定云墨色，秋天漠漠向昏黑。

布衾多年冷似铁，娇儿恶卧踏里裂。

床头屋漏无干处，雨脚如麻未断绝。

自经丧乱少睡眠，长夜沾湿何由彻！

安得广厦千万间，大庇天下寒士俱欢颜，风雨不动安如山。

长恨歌（节选）

［唐］白居易

汉皇重色思倾国，御宇多年求不得。
杨家有女初长成，养在深闺人未识。
天生丽质难自弃，一朝选在君王侧。
回眸一笑百媚生，六宫粉黛无颜色。
春寒赐浴华清池，温泉水滑洗凝脂。
侍儿扶起娇无力，始是新承恩泽时。
云鬓花颜金步摇，芙蓉帐暖度春宵。
春宵苦短日高起，从此君王不早朝。
承欢侍宴无闲暇，春从春游夜专夜。
后宫佳丽三千人，三千宠爱在一身。

水调歌头·明月几时有

［宋］苏轼

明月几时有？把酒问青天。
不知天上宫阙，今夕是何年。
我欲乘风归去，又恐琼楼玉宇，高处不胜寒。
起舞弄清影，何似在人间？
转朱阁，低绮户，照无眠。
不应有恨，何事长向别时圆？
人有悲欢离合，月有阴晴圆缺，此事古难全。
但愿人长久，千里共婵娟。

醉花阴·薄雾浓云愁永昼

［宋］李清照

薄雾浓云愁永昼，瑞脑消金兽。
佳节又重阳，玉枕纱橱，半夜凉初透。
东篱把酒黄昏后，有暗香盈袖。
莫道不消魂，帘卷西风，人比黄花瘦。

永遇乐·京口北固亭怀古

［宋］辛弃疾

千古江山，英雄无觅孙仲谋处。
舞榭歌台，风流总被雨打风吹去。
斜阳草树，寻常巷陌，人道寄奴曾住。
想当年，金戈铁马，气吞万里如虎。
元嘉草草，封狼居胥，赢得仓皇北顾。
四十三年，望中犹记，烽火扬州路。
可堪回首，佛狸祠下，一片神鸦社鼓。
凭谁问，廉颇老矣，尚能饭否？

3.必须朗读的5首抒情类现代诗

再别康桥（节选）

徐志摩

轻轻的我走了，
正如我轻轻的来；
我轻轻的招手，
作别西天的云彩。

那河畔的金柳，

是夕阳中的新娘；
波光里的艳影，
在我的心头荡漾。

软泥上的青荇，
油油的在水底招摇；
在康河的柔波里，
我甘心做一条水草！

那榆荫下的一潭，
不是清泉，是天上虹；
揉碎在浮藻间，
沉淀着彩虹似的梦。

你是人间的四月天

林徽因

我说你是人间的四月天；
笑响点亮了四面风；
轻灵在春的光艳中交舞着变。
你是四月早天里的云烟，
黄昏吹着风的软，
星子在无意中闪，
细雨点洒在花前。
那轻，那娉婷，你是，
鲜妍百花的冠冕你戴着，
你是天真，庄严，
你是夜夜的月圆。
雪化后那片鹅黄，你像；

新鲜初放芽的绿，你是；

柔嫩喜悦，水光浮动着你梦期待中白莲。

你是一树一树的花开，

是燕在梁间呢喃，

——你是爱，是暖，

是希望，

你是人间的四月天！

有的人（节选）

——纪念鲁迅逝世十三周年有感

臧克家

有的人活着，

他已经死了；

有的人死了，

他还活着。

有的人，

骑在人民头上：“呵，我多伟大！”

有的人，

俯下身子给人民当牛马。

有的人，

把名字刻入石头，想“不朽”；

有的人，

情愿做野草，等着地下的火烧。

有的人，

他活着别人就不能活；

有的人，

他活着为了多数人更好地活。

骑在人民头上的，

人民把他摔垮；
给人民作牛马的，
人民永远记住他！

我爱这土地

艾青

假如我是一只鸟，
我也应该用嘶哑的喉咙歌唱：
这被暴风雨所打击着的土地，
这永远汹涌着我们的悲愤的河流，
这无止息地吹刮着的激怒的风，
和那来自林间的无比温柔的黎明……
——然后我死了，
连羽毛也腐烂在土地里面。
为什么我的眼里常含泪水？
因为我对这土地爱得深沉……

乡愁

余光中

小时候，
乡愁是一枚小小的邮票，
我在这头，
母亲在那头。

长大后，
乡愁是一张窄窄的船票，
我在这头，
新娘在那头。

后来啊，
乡愁是一方矮矮的坟墓，
我在外头，
母亲在里头。

而现在，
乡愁是一湾浅浅的海峡，
我在这头，
大陆在那头。

4.必须朗读的5篇文字优美的散文

雅舍（节选）

梁实秋

到四川来，觉得此地人建造房屋最是经济。火烧过的砖，常常用来做柱子，孤零零的砌起四根砖柱，上面盖上一个木头架子，看上去瘦骨嶙峋，单薄得可怜；但是顶上铺了瓦，四面编了竹篦墙，墙上敷了泥灰，远远的看过去，没有人能说不像是座房子。我现在住的“雅舍”正是这样一座典型的房子。不消说，这房子有砖柱，有竹篦墙，一切特点都应有尽有。讲到住房，我的经验不算少，什么“上支下摘”“前廊后厦”“一楼一底”“三上三下”“亭子间”“茅草棚”“琼楼玉宇”和“摩天大厦”，各式各样，我都尝试过。我不论住在哪里，只要住得稍久，对那房子便发生感情，非不得已我还舍不得搬。这“雅舍”，我初来时仅求其能蔽风雨，并不敢存奢望，现在住了两个多月，我的好感油然而生。虽然我已渐渐感觉它并不能蔽风雨，因为有窗而无玻璃，风来则洞若凉亭，有瓦而空隙不少，雨来则渗如滴漏。纵然不能蔽风雨，“雅舍”还是自有它的个性。有个性就可爱。

我的空中楼阁（节选）

李乐薇

山如眉黛，小屋恰似眉梢的痣一点。

十分清新，十分自然，我的小屋玲珑地立于山脊一个柔和的角度上。

世界上有很多已经很美的东西，还需要一些点缀，山也是。小屋的出现，点破了山的寂寞，增加了风景的内容。山上有了小屋，好比一望无际的水面飘过一片风帆，辽阔无边的天空掠过一只飞雁，是单纯的底色上一点灵动的色彩，是山川美景中的一点生气，一点情调。

小屋点缀了山，什么来点缀小屋呢？那是树！

山上有一片纯绿色的无花树；花是美丽的，树的美丽也不逊于花。花好比人的面庞，树好比人的姿态。树的美在于姿势的清健或挺拔、苗条和婀娜，在于活力，在于精神！

有了这许多树，小屋就有了许多特点。树总是轻轻摇动着。树的动，显出小屋的静；树的高大，显出小屋的小巧；而小屋别致出色，乃是由于满山皆树，为小屋布置了一个美妙的绿的背景。

背影（节选）

朱自清

我与父亲不相见已二年余了，我最不能忘记的是他的背影。

那年冬天，祖母死了，父亲的差使也交卸了，正是祸不单行的日子。我从北京到徐州，打算跟着父亲奔丧回家。到徐州见着父亲，看见满院狼藉的东西，又想起祖母，不禁簌簌地流下眼泪。父亲说：“事已如此，不必难过，好在天无绝人之路！”

回家变卖典质，父亲还了亏空；又借钱办了丧事。这些日子，家中光景很是惨淡，一半为了丧事，一半为了父亲赋闲。丧事完毕，父亲要到南京谋事，我也要回北京念书，我们便同行。

到南京时，有朋友约去游逛，勾留了一日；第二日上午便须渡江到浦口，下午上车北去。父亲因为事忙，本已说定不送我，叫旅馆里一个熟识的茶房陪我同去。他再三嘱咐茶房，甚是仔细。但他终于不放心，怕茶房不妥帖；颇踌躇了一会。其实我那年已二十岁，北京已来往过两三次，是没有什么要紧的了。他踌躇了一会，终于决定还是自己送我去。我再三劝他不必去；他只说：“不要紧，他们去不好！”

秋天的怀念（节选）

史铁生

双腿瘫痪后，我的脾气变得暴怒无常。望着望着天上北归的雁阵，我会突然把面前的玻璃砸碎；听着听着李谷一甜美的歌声，我会猛地把手边的东西摔向四周的墙壁。母亲就悄悄地躲出去，在我看不见的地方偷偷地听着我的动静。当一切恢复沉寂，她又悄悄地进来，眼边红红的，看着我。“听说北海的花都开了，我推着你去走走。”她总是这么说。母亲喜欢花，可自从我的腿瘫痪后，她侍弄的那些花都死了。“不，我不去！”我狠命地捶打这两条可恨的腿，喊着，“我可活着什么劲！”母亲扑过来抓住我的手，忍住哭声说：“咱娘儿俩在一块儿，好好儿活，好好儿活……”

可我却一直都不知道，她的病已经到了那步田地。后来妹妹告诉我，她常常肝疼得整宿整宿翻来覆去地睡不了觉。

那天我又独自坐在屋里，看着窗外的树叶“唰唰啦啦”地飘落。母亲进来了，挡在窗前：“北海的菊花开了，我推着你去看看吧。”她憔悴的脸上现出央求般的神色。

故都的秋（节选）

郁达夫

秋天，无论在什么地方的秋天，总是好的；可是啊，北国的秋，却特别地来得清，来得静，来得悲凉。我的不远千里，要从杭州赶上青岛，更要从青岛赶上北平来的理由，也不过想饱尝一尝这“秋”，这故都的秋味。

江南，秋当然也是有的，但草木凋得慢，空气来得润，天的颜色显得淡，并且又时常多雨而少风；一个人夹在苏州上海杭州，或厦门香港广州的市民中间，混混沌沌地过去，只能感到一点点清凉，秋的味，秋的色，秋的意境与姿态，总看不饱，尝不透，赏玩不到十足。秋并不是名花，也并不是美酒，那一种半开、半醉的状态，在领略秋的过程上，是不合适的。

不逢北国之秋，已将近十余年了。在南方每年到了秋天，总要想起陶然亭的芦花，钓鱼台的柳影，西山的虫唱，玉泉的夜月，潭柘寺的钟声。在北平即使不出门去吧，就是在皇城人海之中，租人家一椽破屋来住着，早晨起来，泡一碗浓茶，向院子一坐，你也能看得到很高很高的碧绿的天色，听得到青天下驯鸽的飞声。

背诵法，既能使记忆能力提高，又能积累精彩的素材

在很多演讲现场，我们发现：有些演讲嘉宾实在太厉害了，可以做到引经据典，出口成章。不但引用了一些脍炙人口的历代诗句，像什么唐诗、宋词呀，等等，而且连当代一些精彩的名人名言也能信手拈来、脱口而出。台下的听众听得如醉如痴，被演讲者所折服，点头称是。

但也有一些演讲嘉宾，同样的主题，他的演讲却一点文采都没有，都是一些土话、大白话，既没有引用古代诗词名句，也没有用到当代名人名言，甚至连成语、俗语、歇后语都很少用，让听众觉得味同嚼蜡，一点听下去的兴趣都没有，好像吃了一道没放盐、没放油的菜。

为什么同样的演讲主题，由不同的演讲嘉宾去讲，结果竟然有如此之大的差别呢？

在笔者看来，主要原因是一些演讲者没有养成积累演讲素材的习惯，没有将一些精彩的素材背诵下来，导致在演讲，特别是即兴演讲的时候，语言匮乏。

既然背诵对演讲者来说是如此的重要，那我们应该去背诵哪些素材才对演讲水平的提高有帮助呢？我们又怎样做才能将这些素材完整地背下来呢？

想知道怎么解决这些问题，请继续往下看。

一、什么是背诵

背诵，顾名思义，就是不用看着书本也能将书本上的某些内容朗读出来。换一句话说，背诵就是朗读的升级版。

按程度划分，背诵还可以分为两种：不熟练背诵和熟练背诵。不熟练背诵指的是背诵时经常卡壳，需要提醒，或者要不时对书本瞄一眼，或者要闭目沉思一会儿，才能继续背诵下去。熟练背诵，则是如同泉水涌现，滔滔不绝，从头至尾，几乎没有间断过。当然在这里，所谓的背诵，指的是后面的那一种。

可以这么说，背诵是训练口才必不可少的一种手段。因为拥有良好的记忆力，你就能背下来很多你认为值得记住的“好东西”，而当大脑储存了足够的知识后，你不但可以张口就来，滔滔不绝，而且你整个人的气质都会发生改变，这也就是人们常说的“腹有诗书气自华”；但如果大脑一片空白，你就算再怎么伶牙俐齿，说出来的话还是没有内涵，而你依然还是一个缺乏口才的人。

二、背诵最能增加自己的知识量

了解了背诵的概念，那么背诵法对于一位想提高口才的学习者来说，到底有哪些作用呢？经笔者总结，有如下四点。

1.陶冶情操，塑造人格

由于选取的作品都是历史文化的沉淀，是久经时代考验的名篇佳作，朗读、理解并记忆这些作品必将有助于陶冶情操，塑造人格。

为什么这么说呢？因为当我们入情入境并反复地背诵某部作品时，该作品的中心思想、段落安排、语言风格等方面都会被潜移默化地理解吸收并融会贯通。比如：背诵李白的诗歌“黄河之水天上来，奔流到海不复回”可以让人更豪放、更洒脱；背诵陶渊明的诗歌“采菊东篱下，悠然见南山”则让人更淡泊明志、更崇尚自然。

2.加深理解，改善记忆

俗话说：“书读百遍，其义自现。”这句话一点也不错。一些经典名作，哪怕一开始看上去很高深、很难理解，但随着反复朗读并背诵下来，它的大概意思也就知道了。当理解了作品的中心思想之后，个人也便受到了教育和启发，加深了对事物的认识和理解，让人对生活更有信心，对世界更加热爱。关于这方面的论述，朱熹的见解最精彩。他说，“读书之法，在循序而渐进，熟读而精思”，“使其言皆若出于吾之口，继以精思，使其意皆若出于吾之心”。

另外，人的记忆能力跟其他能力，比如沟通能力、管理能力一样，也是可以通过后天的训练和培养而提高的。有关心理学实验就证明：当人的大脑记忆目的很明确时，脑细胞会处于高度活跃的状态，接受外来信息会非常主动，被记忆的信息将暂时储存在海马体中，停留在那里的时间也会从几秒提高到几个星期不等。所以，记忆的目的非常明确、复习的次数也比较多，作品被记忆的时间就很长，甚至能终生记住。

一言以蔽之，长时间背诵经典名作，不但能提高个人对名作的理解能力，而且也锻炼了记忆能力。

3.培养语感，提高口才

由于在背诵的过程中，对文字作品已经有了深入的理解，于是，那些巧妙的谋篇布局、严谨的逻辑次序、高超的修辞手段、优美的文字搭配，无不启迪了背诵者的思路，无论是对备稿演讲还是即兴演讲，都起着潜移默化和自觉学习运用的作用。久而久之，自然而然地就贮存了许多可资借鉴、可供取用的素材，并在日常生活中被演讲者经常应用。而这是很难通过分析文字作品，或者靠眼看手写所能达到的。

所以说，背诵是锻炼口才的最佳方式之一。特别是随着表达能力的提高，不但词不达意、言不及义的现象会越来越少，甚至在即兴演讲的时候，演讲者还能出口成章。这也难怪孙洙先生在编纂《唐诗三百首》时，他在扉页上竟然写下了“熟读唐诗三百首，不会作诗也会吟”这句话。

4.死记活用，提高写作能力

完全可以这么说，背诵历代名篇，不仅对口才的提高有帮助，对写作能力的提高，同样也有帮助。

华东师范大学张维教授就说过这么一句话：学语言是一个从“死”到“活”的过程，“死”的东西多了，熟能生巧了，就慢慢地“活”了起来。这句话是什么意思呢？它指的是：死记硬背到了一定程度，便会“死”去“活”来。“死”是指原始素材的积累，个人素材库的搭建。“活”是指素材积累到了一定的程度之后，供个人在写作过程中提取的素材就非常多，甚至可以达到随心所欲取用素材的程度，于是整个素材库就瞬时变“活”了。

三、这三种背诵方法你必须学会

记忆跟画画、写毛笔字一样，并不能完全靠天赋，后天的锻炼才是最关键的。为了更快地掌握这种方法，我们先来了解一下背诵的具体方法究竟有哪些？

1.抄读背诵

抄读背诵就是通过眼看材料，口念材料，手写材料，而达到心记材料的记忆方法。在整个过程中，抄抄读读、读读抄抄，不要多时，读完一部分，抄完一部分，也就差不多背完了一部分；读完全部，抄完全部，也就差不多背完了全部。总之，当眼熟、口熟、心熟后，全文就很容易通过对它们的熟记而背诵出来了。这种背诵法，属于理解记忆。

2.分段背诵

分段背诵就是将整篇材料分成几段，先读第一段的第一句，当背熟第一句后，再将第一段的第一句和第二句连起来读，也就是把第一句和第二句连起来背，以此类推，滚动前进，直到背完整篇材料为止。这种背诵法，属于机械记忆。

3.整篇背诵

整篇背诵就是把整篇材料当作一个整体去记忆。具体流程为：先将整篇材料从头到尾读一遍，初步理解材料的脉络和作者的思路。读第一遍根本谈不上记忆，但随着多次朗读，在进一步理解整篇材料的意思后，就可以凭借理解，把整篇材料背诵下来了。这种方法比较适合短篇材料，属于理解记忆。

四、背诵有五个层级，要一步一步来

介绍完背诵的三种方法之后，笔者觉得有必要将背诵的五个层级和与之对应的质量要求罗列出来，以便我们在开始训练的时候，心里非常清楚：应该先背诵哪一种作品，先背诵多少字，等等。经笔者总结，背诵的层级一共有五级，依次为：

1.入门级

对象是刚刚开始学习背诵的口才爱好者。

所选用的背诵材料一般是五绝或者七绝古诗，比如，王之涣的《登鹳雀楼》、张继的《枫桥夜泊》等。

字数在20～28字，值得注意的是，刚刚开始学习背诵的时候，不宜选择太长的作品，以免背不下来而难以坚持下去。

背诵要求是口齿清晰、语流顺畅。

2.菜鸟级

对象为喜欢背诵的口才爱好者。

所选用的背诵材料为五律或者七律古诗、篇幅不长的古词等，比如，杜甫的《登高》、崔颢的《黄鹤楼》、苏轼的《念奴娇·赤壁怀古》等。

字数在40～140字。

背诵时，不但要求口齿清晰、语流顺畅，还要求读音标准。

3.高手级

对象为背诵能力较好的演讲者。

所选用的背诵材料一般是长篇古诗、现代诗等，比如，曹操的《短歌行》、张若虚的《春江花月夜》、席慕容的《一棵开花的树》等。

字数在150～300字。

背诵时，不但要求口齿清晰、语流顺畅、读音标准，还要求语调抑扬顿挫。

4.专家级

对象为背诵能力非常强的演讲者。

所选用的背诵材料为古文、长篇现代诗等，比如，陶渊明的《桃花源记》、舒婷的《致橡树》等。

字数在300～500字。

背诵时，不但要求口齿清晰、语流顺畅、读音标准、语调抑扬顿挫，还要求富有感情。

5.大师级

对象为背诵能力超强的演讲者。

所选用的背诵材料为长篇古诗、名言集、格言集等，比如，诸葛亮的《出师表》、王勃的《滕王阁序》等。

字数一般在500字以上。

背诵时，不但要求口齿清晰、语流顺畅、读音标准、语调抑扬顿挫、感情丰富，还要求富有感染力。

五、能提高背诵能力的有效训练方法

背诵口才训练法的主要内容有：长期背诵计划的制订和单篇材料的背诵步骤。

1.要制订一个长期的背诵计划

一般来讲，真的想通过背诵优秀作品、建立素材库的方法来提高自己的口才，并达到一上台就能慷慨陈词、语惊四座的效果，那就必须制订一个长期的背诵计划，比如，以年为单位或者以月为单位的学习计划。为什么要这么做呢？因为只有制订长期的背诵计划，我们所背诵的材料才具有系统性、层次性、多样性和全面性，而且知识的积累才会更加扎实、更加全面。例如，下面这个背诵计划（见表2-1）。

表2-1　20××年3月背诵计划

日期	作品性质	作者	作品名称
3月1日	唐诗（七绝）	李白	早发白帝城
3月2日	唐诗（七绝）	杜甫	绝句（两个黄鹂鸣翠柳）
3月3日	唐诗（七绝）	贺知章	咏柳
3月4日	唐诗（七绝）	王维	送元二使安西
3月5日	唐诗（七绝）	高适	别董大
3月6日	唐诗（七绝）	王昌龄	芙蓉楼送辛渐
3月7日	唐诗（七绝）	韦应物	滁州西涧
3月8日	唐诗（七绝）	韩愈	早春呈水部张十八员外
3月9日	唐诗（七绝）	刘禹锡	秋词
3月10日	唐诗（七绝）	杜牧	赤壁
3月11日	唐诗（七绝）	江采萍	谢赐珍珠
3月12日	唐诗（七绝）	武则天	如意娘
3月13日	唐诗（五律）	白居易	赋得古原草送别
3月14日	唐诗（五律）	王勃	送杜少府之任蜀州
3月15日	唐诗（五律）	杜甫	旅夜书怀
3月16日	唐诗（五律）	杜甫	登岳阳楼
3月17日	唐诗（七律）	李白	登金陵凤凰台
3月18日	唐诗（七律）	杜甫	登高
3月19日	唐诗（七律）	刘禹锡	酬乐天扬州初逢席上见赠
3月20日	唐诗（七律）	崔颢	黄鹤楼
3月21日	宋词	苏轼	念奴娇·赤壁怀古
3月22日	宋词	苏轼	水调歌头·明月几时有
3月23日	宋词	李清照	声声慢·寻寻觅觅
3月24日	宋词	李清照	醉花阴·薄雾浓云愁永昼
3月25日	宋词	陆游	卜算子·咏梅
3月26日	宋词	陆游	诉衷情·当年万里觅封侯
3月27日	宋词	辛弃疾	破阵子·为陈同甫赋壮语以寄之
3月28日	宋词	辛弃疾	永遇乐·京口北固亭怀古
3月29日	宋词	秦观	鹊桥仙·纤云弄巧

续表

日期	作品性质	作者	作品名称
3月30日	宋词	柳永	雨霖铃·寒蝉凄切
3月31日	宋词	岳飞	满江红·写怀

2.如何快速背诵并长期记住一篇材料

第一步，先找一篇自己喜欢的材料，可以是唐诗、宋词、古文、现代诗，也可以是名言集或者一篇演讲稿。当然，要先从篇幅较短的材料开始，比如，挑选一段名言。

第二步，认认真真地看完材料，如果有不熟悉的生字和生词，就拿出字典或者词典，弄明白它们的字音和词义。

第三步，对所选材料进行分析，揣摩作者的写作意图，体会作者的思想感情。

第四步，对所选材料进行必要的艺术处理。比如，找出停顿、重音等，而这些都有利于在背诵的时候更准确地表达出作者的思想感情。

第五步，开始背诵，先不要求声情并茂，只求能将材料准确地背下来。

第六步，在背熟材料的基础上大声朗读，并随时注意自己声音的清晰度、响亮度以及随时调整自己朗读的速度。

第七步，完成了前面的几步工作后，就可以开始用饱满的情感、准确的语音、适中的语速进行背诵了。

（注：在这个训练过程中，如果有老师在旁边指导或者有同学在旁边监督，效果会更佳。）

六、必须背诵的极有价值的训练材料

了解了背诵口才训练法后，笔者再给大家提供一些训练材料，以便供学习口才的朋友们在进行背诵训练时使用。这些材料包括必须背诵的5篇知名度极高的古文、必须背诵的5首流传极广的古诗、必须背诵的5首流传极广的古词、必须背诵的5首极具人气的现代诗、必须背诵的50句经典励志格言、必须背诵的50句幽默感爆棚的歇后语和必须背诵的60条脍炙人口的古今对偶句。这些材料都是精品中的精品，希望朋友们第一时间把它们背下来。

1.必须背诵的5篇知名度极高的古文

生于忧患，死于安乐

［战国］孟子

舜发于畎亩之中，傅说举于版筑之间，胶鬲举于鱼盐之中，管夷吾举于士，孙叔敖举于海，百里奚举于市。故天将降大任于是人也，必先苦其心志，劳其筋骨，饿其体肤，空乏其身，行拂乱其所为，所以动心忍性，曾益其所不能。

人恒过，然后能改；困于心，衡于虑，而后作；征于色，发于声，而后喻。入则无法家拂士，出则无敌国外患者，国恒亡。然后知生于忧患而死于安乐也。

出师表（节选）

［三国］诸葛亮

先帝创业未半而中道崩殂，今天下三分，益州疲弊，此诚危急存亡之秋也。然侍卫之臣不懈于内，忠志之士忘身于外者，盖追先帝之殊遇，欲报之于陛下也。诚宜开张圣听，以光先帝遗德，恢弘志士之气，不宜妄自菲薄，引喻失义，以塞忠谏之路也。

宫中府中，俱为一体，陟罚臧否，不宜异同。若有作奸犯科及为忠善者，宜付有司论其刑赏，以昭陛下平明之理，不宜偏私，使内外异法也。

侍中、侍郎郭攸之、费祎、董允等，此皆良实，志虑忠纯，是以先帝简拔以遗陛下。愚以为宫中之事，事无大小，悉以咨之，然后施行，必能裨补阙漏，有所广益。

将军向宠，性行淑均，晓畅军事，试用于昔日，先帝称之曰能，是以众议举宠为督。愚以为营中之事，悉以咨之，必能使行阵和睦，优劣得所。

亲贤臣，远小人，此先汉所以兴隆也；亲小人，远贤臣，此后汉所以倾颓也。

桃花源记

［东晋］陶渊明

晋太元中，武陵人捕鱼为业。缘溪行，忘路之远近。忽逢桃花林，夹岸数百步，中无杂树，芳草鲜美，落英缤纷。渔人甚异之。复前行，欲穷其林。

林尽水源，便得一山，山有小口，仿佛若有光。便舍船，从口入。初极狭，才通人。复行数十步，豁然开朗。土地平旷，屋舍俨然，有良田美池桑竹之属。阡陌交通，鸡犬相闻。其中往来种作，男女衣着，悉如外人。黄发垂髫，并怡然自乐。

见渔人，乃大惊，问所从来。具答之。便要还家，设酒杀鸡作食。村中闻有此人，咸来问讯。自云先世避秦时乱，率妻子邑人来此绝境，不复出焉，遂与外人间隔。问今是何世，乃不知有汉，无论魏晋。此人一一为具言所闻，皆叹惋。余人各复延至其家，皆出酒食。停数日，辞去。此中人语云："不足为外人道也。"

既出，得其船，便扶向路，处处志之。及郡下，诣太守，说如此。太守即遣人随其往，寻向所志，遂迷，不复得路。

南阳刘子骥，高尚士也，闻之，欣然规往。未果，寻病终，后遂无问津者。

陋室铭

［唐］刘禹锡

山不在高，有仙则名。水不在深，有龙则灵。斯是陋室，惟吾德馨。苔痕上阶绿，草色入帘青。谈笑有鸿儒，往来无白丁。可以调素琴，阅金经。无丝竹之乱耳，无案牍之劳形。南阳诸葛庐，西蜀子云亭。孔子云：何陋之有?

岳阳楼记（节选）

［宋］范仲淹

庆历四年春，滕子京谪守巴陵郡。越明年，政通人和，百废具兴。乃重修岳阳楼，增其旧制，刻唐贤今人诗赋于其上，属予作文以记之。

予观夫巴陵胜状，在洞庭一湖。衔远山，吞长江，浩浩汤汤，横无际涯，朝晖夕阴，气象万千。此则岳阳楼之大观也，前人之述备矣。然则北通巫峡，南极潇湘，迁客骚人，多会于此，览物之情，得无异乎?

若夫淫雨霏霏，连月不开，阴风怒号，浊浪排空，日星隐曜，山岳潜形，商旅不行，樯倾楫摧，薄暮冥冥，虎啸猿啼。登斯楼也，则有去国怀乡，忧谗畏讥，满目萧然，感极而悲者矣。

至若春和景明，波澜不惊，上下天光，一碧万顷，沙鸥翔集，锦鳞游泳，岸芷汀兰，郁郁青青。而或长烟一空，皓月千里，浮光跃金，静影沉璧，渔歌互答，此乐何极！登斯楼也，则有心旷神怡，宠辱偕忘，把酒临风，其喜洋洋者矣。

2.必须背诵的5首流传极广的古诗

短歌行

［东汉］曹操

对酒当歌，人生几何！
譬如朝露，去日苦多。
慨当以慷，忧思难忘。
何以解忧？唯有杜康。
青青子衿，悠悠我心。
但为君故，沉吟至今。
呦呦鹿鸣，食野之苹。
我有嘉宾，鼓瑟吹笙。
明明如月，何时可掇？
忧从中来，不可断绝。
越陌度阡，枉用相存。
契阔谈讌，心念旧恩。
月明星稀，乌鹊南飞。
绕树三匝，何枝可依？
山不厌高，海不厌深。
周公吐哺，天下归心。

登鹳雀楼

［唐］王之涣

白日依山尽，黄河入海流。
欲穷千里目，更上一层楼。

使至塞上

［唐］王维

单车欲问边，属国过居延。
征蓬出汉塞，归雁入胡天。
大漠孤烟直，长河落日圆。
萧关逢候骑，都护在燕然。

黄鹤楼

［唐］崔颢

昔人已乘黄鹤去，此地空余黄鹤楼。
黄鹤一去不复返，白云千载空悠悠。
晴川历历汉阳树，芳草萋萋鹦鹉洲。
日暮乡关何处是？烟波江上使人愁。

枫桥夜泊

［唐］张继

月落乌啼霜满天，江枫渔火对愁眠。
姑苏城外寒山寺，夜半钟声到客船。

3.必须背诵的5首流传极广的古词

虞美人

［宋］李煜

春花秋月何时了？往事知多少。
小楼昨夜又东风，故国不堪回首月明中。
雕栏玉砌应犹在，只是朱颜改。
问君能有几多愁？恰似一江春水向东流。

念奴娇·赤壁怀古

［宋］苏轼

大江东去，浪淘尽，千古风流人物。
故垒西边，人道是，三国周郎赤壁。
乱石穿空，惊涛拍岸，卷起千堆雪。
江山如画，一时多少豪杰。
遥想公瑾当年，小乔初嫁了，雄姿英发。
羽扇纶巾，谈笑间，樯橹灰飞烟灭。
故国神游，多情应笑我，早生华发。
人生如梦，一尊还酹江月。

声声慢·寻寻觅觅

［宋］李清照

寻寻觅觅，冷冷清清，凄凄惨惨戚戚。
乍暖还寒时候，最难将息。
三杯两盏淡酒，怎敌他、晚来风急！
雁过也，正伤心，却是旧时相识。
满地黄花堆积，憔悴损，如今有谁堪摘？
守着窗儿，独自怎生得黑！
梧桐更兼细雨，到黄昏、点点滴滴。
这次第，怎一个愁字了得！

破阵子·为陈同甫赋壮词以寄之

［宋］辛弃疾

醉里挑灯看剑，梦回吹角连营。
八百里分麾下炙，五十弦翻塞外声。
沙场秋点兵。
马作的卢飞快，弓如霹雳弦惊。
了却君王天下事，赢得生前身后名。
可怜白发生！

满江红·怒发冲冠

［宋］岳飞

怒发冲冠，凭栏处、潇潇雨歇。
抬望眼、仰天长啸，壮怀激烈。
三十功名尘与土，八千里路云和月。
莫等闲、白了少年头，空悲切。
靖康耻，犹未雪。臣子恨，何时灭。
驾长车踏破，贺兰山缺。
壮志饥餐胡虏肉，笑谈渴饮匈奴血。
待从头、收拾旧山河，朝天阙。

4.必须背诵的5首极具人气的现代诗

一棵开花的树

席慕蓉

如何让你遇见我，
在我最美丽的时刻。
为这，
我已在佛前求了五百年，
求它让我们结一段尘缘。

佛于是把我化作一棵树，
长在你必经的路旁，
阳光下慎重地开满了花，
朵朵都是我前世的盼望。
当你走近，
请你细听，颤抖的叶是我等待的热情；
而当你终于无视地走过，
在你身后落了一地的，
朋友啊，那不是花瓣，
是我凋零的心。

相信未来（节选）

食指

当蜘蛛网无情地查封了我的炉台，
当灰烬的余烟叹息着贫困的悲哀，
我依然固执地铺平失望的灰烬，
用美丽的雪花写下：相信未来。
当我的紫葡萄化为深秋的露水，
当我的鲜花依偎在别人的情怀，
我依然固执地用凝霜的枯藤，
在凄凉的大地上写下：相信未来。

致橡树（节选）

舒婷

我如果爱你——
绝不像攀缘的凌霄花，
借你的高枝炫耀自己；
我如果爱你——
绝不学痴情的鸟儿，

为绿荫重复单调的歌曲；
也不止像泉源，
常年送来清凉的慰藉；
也不止像险峰，
增加你的高度，衬托你的威仪。
甚至日光。
甚至春雨。
不，这些都还不够！
我必须是你近旁的一株木棉，
作为树的形象和你站在一起。
根，紧握在地下，
叶，相触在云里。
每一阵风过，
我们都互相致意，
但没有人，
听懂我们的言语。

热爱生命

汪国真

我不去想，
是否能够成功，
既然选择了远方，
便只顾风雨兼程。
我不去想，
能否赢得爱情，
既然钟情于玫瑰，
就勇敢地吐露真诚。
我不去想，
身后会不会袭来寒风冷雨，
既然目标是地平线，

留给世界的只能是背影。
我不去想，
未来是平坦还是泥泞，
只要热爱生命，
一切，都在意料之中。

面朝大海，春暖花开

海子

从明天起，做一个幸福的人，
喂马，劈柴，周游世界；
从明天起，关心粮食和蔬菜，
我有一所房子，面朝大海，春暖花开；
从明天起，和每一个亲人通信，
告诉他们我的幸福，
那幸福的闪电告诉我的，
我将告诉每一个人。
给每一条河每一座山取一个温暖的名字，
陌生人，我也为你祝福，
愿你有一个灿烂的前程，
愿你有情人终成眷属，
愿你在尘世获得幸福，
我只愿面朝大海，春暖花开。

5.必须背诵的50句经典励志格言

①低调做人，高调做事。

②不错！人都是逼出来的。

③理想很丰满，现实很骨感。

④现在不玩命，将来命玩你。

⑤每一种创伤，都是一种成熟。

⑥人之所以能，是因为相信能。

⑦所有的婆婆都是从媳妇过来的。

⑧只有淡季思想，没有淡季市场。

⑨含泪播种的人一定能含笑收获。

⑩人生没有如果，只有后果和结果。

⑪在这个世界：要么忍，要么残忍。

⑫万丈高楼平地起，凡事还得靠自己。

⑬能受天磨真好汉，不遭人妒是庸才。

⑭你可以选择放弃，但不能放弃选择。

⑮心随境转是凡夫，境随心转是圣贤。

⑯没有白费的努力，也没有碰巧的成功。

⑰成功需要朋友，更大的成功需要敌人。

⑱我出生时贫穷，不可能到死也贫穷。

⑲坚持不一定会赢，但放弃就一定会输。

⑳只有面对自己的错误，才能重新开始。

㉑努力不一定成功，不努力一定不成功。

㉒要为成功找办法，不要为失败找理由。

㉓人生没有彩排，每一天都是现场直播。

㉔职场三定律：要么狠，要么忍，要么滚。

㉕能力就像瓜子仁，只有咬牙才能嗑出来。

㉖没有天生的自信，只有不断培养的自信。

㉗每一发奋努力的背后，必有加倍的赏赐。

㉘活在自己的心里，不要活在别人的眼里。

㉙人生如天气，可预料，但往往出乎意料。

㉚成功的起点叫相信，成功的终点叫坚持。

㉛人生就像赌博，你不可以赌，但必须要博。

㉜怀才就像怀孕，时间久了才能让人看出来。

㉝一个人什么都能逃避，唯独逃避不了他自身。

㉞当不了有钱人的后代，就要当有钱人的祖先。

㉟摆渡者反反复复选择彼岸，结果徘徊了一生。

㊱昨晚多几分钟的准备，今天少几小时的麻烦。

㊲机会从来不会被失去，你错过的别人会接住。

㊳世上没有绝望的处境，只有对处境绝望的人。

㊴不苦不累，生活无味；不拼不搏，人生白活。

㊵这么拼命只是想让曾经看不起我的人，闭嘴。

㊶天使之所以会飞，是因为她们把自己看得很轻。

㊷一个人最大的破产是绝望，最大的资产是希望。

㊸人生最大的快乐是创造，人生最大的财富是思考。

㊹每一棵大树的成长，都要接受阳光，也要包容风雨。

㊺若非生活所迫，谁愿意把自己弄得一身才华。

㊻生活的悲剧性，不是彻底输了，而是差一点就赢了。

㊼人生的两大悲剧：一是万念俱灰，一是踌躇满志。

㊽如果你不每周换一次水，那你就需要每周换一次鱼。

㊾大多数人想改造这个世界，但却罕有人想改造自己。

㊿人眉毛上的汗水和眉毛下的泪水，你必须选择一样。

6.必须背诵的50句幽默感爆棚的歇后语

①鼻孔喝水 —— 够呛。

②吃了扁担 —— 横了肠子。

③茶壶里的水 —— 滚开。

④水仙不开花 —— 装蒜。

⑤被窝里放屁 —— 独吞。

⑥床单作尿布 —— 够大方。

⑦刀尖上翻筋斗—— 玩命。

⑧煮熟的鸭子 —— 肉烂嘴不烂。

⑨鸡屁股拴线 —— 扯蛋（淡）。

⑩厕所里照镜子——臭美。

⑪苍蝇采蜜——装蜂（疯）。

⑫矮子放屁——低声下气。

⑬上坟烧纸——糊弄鬼。

⑭飞机上过秤——高标准。

⑮王八吃了秤砣——铁了心。

⑯路边的电线杆——靠边站。

⑰曹丕的钱——魏币（未必）。

⑱老孔雀开屏——自作多情。

⑲乌龟变黄鳝——解甲归田。

⑳县老爷打爹——公事公办。

㉑打灯笼拾粪——找屎（死）。

㉒打不着狐狸——惹一身骚。

㉓坐在飞机上钓鱼——差得远。

㉔吃石头拉硬屎——顽固到底。

㉕骑着驴看唱本——走着瞧。

㉖买干鱼放生——不知死活。

㉗光屁股上吊——死不要脸。

㉘马店买猪——没那市（事）。

㉙瞎子吃汤圆——心中有数。

㉚歪着脖子看表——观点不正。

㉛棺材里躲雨——亏你想得出。

㉜卖了儿子招女婿——彼此腾倒着做。

㉝炊事员行军——替人背黑锅。

㉞老太太住高楼——上下两难。

㉟有大哥有二弟——你算老几。

㊱从河南到湖南——难上加难。

㊲厨房里的垃圾——鸡毛蒜皮。

㊳脑袋上面插辣椒——红透顶。

㊴哥哥不在家 —— 嫂（少）来。

㊵打饱嗝带放屁 —— 两头没好气。

㊶甲鱼的臀部 —— 龟（规）腚（定）。

㊷脱掉裤子放屁 —— 多此一举。

㊸唱戏的腿抽筋 —— 下不了台。

㊹老鼠尾巴熬汤 —— 油水不大。

㊺七窍只通了六窍 —— 一窍不通。

㊻洞庭湖的麻雀 —— 见过大风浪的。

㊼太平洋上的警察 —— 管得宽。

㊽和尚头上的虱子 —— 明摆着。

㊾兔子逼急了 ——还会咬人呢。

㊿和尚打伞 —— 无发（法）无天。

7.必须背诵的60条脍炙人口的古今对偶句

一般来讲，演讲者的语言组织能力比较差，主要原因有两个：一是不会调动大脑里的素材并将它们有机地组合在一起；二是肚子里根本没有多少墨水，词汇比较匮乏。

针对第一个问题，解决方法见本书的第六部分内容。

针对第二个问题，我们该怎么办呢？笔者决定将自己多年积累的一些精彩的对偶句摘录于此，希望大家能够喜欢。

（1）写人记事

过五关，斩六将。

亲贤臣，远小人。

言必行，行必果。

驿寄梅花，鱼传尺素。

英雄气短，儿女情长。

名扬四海，声震八方。

物华天宝，人杰地灵。

庆父不死，鲁难未已。

成事不足，败事有余。

寿比南山，福如东海。

棋逢对手，将遇良才。

功盖天下，誉满山河。

国富民强，人寿年丰。

鸟宿池边树，僧敲月下门。

久旱逢甘霖，他乡遇故知。

竹喧归浣女，莲动下渔舟。

志士惜日短，愁人嫌更长。

浮云游子意，落日故人情。

不才明主弃，多病故人疏。

鸡声茅店月，人迹板桥霜。

（2）描景状物

桃灼灼，柳依依。

雪茫茫，雨霏霏。

沙鸥翔集，锦鳞游泳。

水流云在，雨到风来。

雾失楼台，月迷津渡。

乱石穿空，惊涛拍岸。

鹰击长空，鱼翔浅底。

明月隐高树，长河没晓天。

秋风吹渭水，落叶满长安。

大漠孤烟直，长河落日圆。

明月松间照，清泉石上流。

大舸中流下，青山两岸移。

纷纷黄叶坠，对对塞鸿飞。

道旁黄叶落，峰上白云飞。

疏林千树吼，空岭独猿啼。

梅残数点雪，麦涨一溪云。

山随平野尽，江入大荒流。

千山鸟飞绝，万径人踪灭。

星垂平野阔，月涌大江流。

江流天地外，山色有无中。

（3）哲理修养

谦受益，满招损。

吃一堑，长一智。

求大同，存小异。

私心重，骨头软。

心胸阔，天地宽。

明枪易躲，暗箭难防。

瓜熟蒂落，水到渠成。

偏听则暗，兼听则明。

近朱者赤，近墨者黑。

江山易改，本性难移。

浊者自浊，清者自清。

山不厌高，水不厌深。

流水不腐，户枢不蠹。

金玉其外，败絮其中。

以其昏昏，使人昭昭。

得道多助，失道寡助。

动静相宜，虚实相生。

水满则溢，月满则亏。

一着不慎，满盘皆输。

晓之以理，动之以情。

第二部分

练 看 说

第三课

复述法，既能提高概括能力，又能提高表达的逻辑性

参加培训活动时，我们经常发现，有一些讲师很喜欢讲大道理。比如“敬业爱岗、无私奉献”“以公司为家，与企业共进”“如果今天不努力工作，明天就要努力找工作”等。尽管这些讲师在台上讲得很卖劲、义正词严，表现出一种掏心掏肺的样子，但台下的大多数听众似乎并不以为意。

也有一些讲师不怎么讲大道理却偏偏喜欢讲故事，特别是很擅长讲关于成长方面的、关于职业生涯规划方面的故事。结果呢，台下的听众反倒全神贯注，听得津津有味，表现出极高的热情。

虽然，这些讲师所讲的大多数是别人的故事，基本上是从书本上复述过来的故事（因为关于讲师自己的故事并不是很多，除非讲师是一个很有故事的人），但是为什么听众偏偏喜欢听故事而对大道理却不感兴趣呢？

社会心理学家经过长期的观察和研究得出：人们之所以不喜欢听大道理，是因为每个人都不希望被要求和强迫，更不希望别人的立场凌驾于自己之上。同时，大道理又是干巴巴的、非常枯燥，让人感到索然无味。至于好的故事，首先，它有情节性，很引人入胜；其次，它并不要求听众记住什么、要做什么，自己体会就好了；再次，真实的职场故事，实战性非常强，能给人以启发，听众可直接拿来就用。所以，好故事比大道理更受人欢迎。

大家都看到了吧！无论是搞培训还是做演讲，我们还是以多讲好故事、少讲大道理为佳。

既然讲故事对口才学习者来说是如此的重要，那么我们在演讲之前，应该如何挑

选故事呢？特别是在复述故事的时候，又应该怎么做才能把这个故事讲好呢？

笔者在此将个人经验分享如下，希望能帮到大家。

一、什么是复述

复述，就是在理解和记忆的基础上，把书面材料加以整理，然后有中心、有条理、有感情地用口头语言表达出来。比如，看完某个故事之后，你把这个故事讲给别人听，就是复述法的典型代表。

复述跟背诵不一样，背诵是要求把材料准确无误地读出来，而复述是只要把材料的内容说出来就可以了，并不要求百分之百准确。所以，这种口才训练法既可以培养一个人的理解和记忆能力，又能培养一个人的语言组织能力和把书面语言变成口头语言的表达能力。

二、这三种复述方式你必须掌握

复述的方式有很多种，但常用的只有如下几种：

1.简要复述

就是看完一篇材料后，抓住中心、突出重点，用简明扼要的口头语言把材料的主要内容给叙述出来。

这种方法相当于作文中的缩写，其操作要领为：阅读几遍材料，弄清作者的写作思路；归纳并记住材料的重要观点、主要内容及其先后顺序。

2.详细复述

这是一种接近原文的复述，一般不得随意增减内容、打乱结构、变换人称等，唯一可变的就是语言风格，即尽量把书面语言变成口头语言表达出来。

这种方法的操作要领为：阅读几遍材料，弄清作者的写作思路；或者采用先详后略、先繁后简的方式编写段落提纲；或者画出原文的逻辑结构图。

3.创造复述

这是指在进行复述的时候，对材料的形式或者内容进行某些调整和补充。比如，加入自己的观点或者看法等。

这种方法相当于作文训练中的改写和扩写。其训练形式主要有：改变人称复述，比如，把第一人称改为第三人称，或把第三人称改为第一人称等；改变结构复述，比如，把倒叙改为顺叙，或把顺叙改为倒叙等；增补内容复述，比如，对原文中不足或叙述不详细的部分，通过合理联想、想象而对其进行适当增补等。

三、提高复述能力的有效训练方法——SCTORE法则

为了让训练更有成效，在进行复述时，我们只挑选一些精彩的故事，而不选择诗歌、散文、小说等作品，因为这些作品比较适合朗读或者背诵，却不适合复述。所以在这里，我们仅仅探讨怎么做才能复述好一个精彩的故事。

笔者认为，故事复述训练法的主要步骤和具体技巧如下：

1.故事挑选

完全可以这么说，挑选故事也是一项技术活。一旦选错了故事，就算你的表演能力再强，也是白搭。因此在进行复述训练之前，我们应先将故事浏览一遍，看看这个故事是否适合或者是否值得我们去复述。

至于如何筛选呢？筛选的依据又是什么呢？笔者认为，要从如下三大方面入手：

首先，要选充满正能量的故事。也就是说，要挑选那些积极的、健康的、催人奋进的、给人力量的、使人有信心的、让人充满希望的故事，而不能去挑选一些低俗、庸俗、媚俗、恶俗等充斥着负能量的故事。

比如，孔融让梨的故事就属于正能量的故事，尽管这个故事不是很生动，但是它能教我们做人的道理——必须从小就要开始懂得遵守公序良俗。

再如，武则天的情史就属于负能量的故事，尽管该故事很生动，很能满足人们的好奇心，但是，它传播的是低俗负面的思想，这样的故事就根本不值得我们去选用。

其次，要选情节性较强的故事。也就是说，要挑选那些结尾很出乎意料或者过程很曲折的故事，不宜挑选一些文学色彩很浓的故事。

为什么不能挑选文学色彩很浓的故事呢？理由是：这类故事描写得很细腻、刻画得很深入，从而导致这类故事的情节比较简单，供演讲者去叙述的细节并不多。于是，尽管通过阅读去体味这类作品很痛快淋漓，但是，想通过听觉通道去感染听众，这类故事是办不到的，它很难能引起听众的共鸣。假若演讲者一意孤行，坚持要讲这类故事，那需要做的工作就太多了。比如，要去掉文学色彩很浓的部分，要对其进行改编或续写，甚至还要重新安排内容的先后顺序。所以，这么做很烦琐，倒不如自己去写一篇新故事。

再次，要选内容符合听众胃口的故事。到底什么样的故事才比较符合听众的胃口呢？根据个人的实践经验，笔者认为大约有如下三大类：

第一，与听众目前自身利益相关的故事。当面临特定人群讲故事时，故事的主题最好能与听众的切身利益有关，因为只有这么做，才能引起听众的共鸣，获得听众的热烈掌声。比如，当听众大多数都是一线员工的时候，你就给他们讲一些关于如何维护自身权益不受侵犯的故事、如何跟HR（人力资源从业人员）谈薪酬待遇的故事，他们一般都爱听。

第二，与人生奋斗相关的故事。其实，人生奋斗是一个很大的话题，里面还包含诸多小话题，比如行业与事业、目标与信仰、命运与追求、坚持与选择、圈子与环境、行为与习惯、吃苦与吃亏、觉悟与改变、成功与成才，等等。但在这么多的人生奋斗话题中，“如何获取成功”这个话题是很受听众欢迎的。所以，作为演讲嘉宾，你要多讲关于这方面的故事。因为只有这样，才会受到听众的热烈欢迎。

第三，关于情感类的故事。我们都知道，人是感情动物，尤其是性情中人，总是那么的柔软和善良。所以，关于情感类的故事，特别是关于亲情、爱情、友情等方面的故事，更容易打动听众。

2.故事处理

故事选好之后，接下来就是反复阅读这篇故事，并对其进行主题确认、结构重新调整、文字口语化等方面的处理。

首先，要认真揣摩故事的寓意。也就是必须弄清楚这个故事，它到底想表达什么、体现什么？它的寓意是否对我们的工作和生活有启发？特别是能否让人从中悟出新的道理？比如，下面这个寓言故事。

鹦鹉和宠物猪

有一天，飞机上来了两位特殊的客人，一位是鹦鹉，另一位是宠物猪。

鹦鹉一上飞机就朝空姐大喊：“小妞，给爷来一杯饮料。”空姐回头一看，很无礼貌喊人的竟然是一只又老又丑的鹦鹉。虽然空姐很生气，但是，由于遵循顾客是上帝的理念，无奈之下，空姐只好给鹦鹉送来了一杯饮料。

这个情景被宠物猪看到了。啊！这么好的事情，还有饮料喝？于是，宠物猪也如法炮制，对空姐说：“小妞，也给猪爷爷送一杯饮料来。”

这一下，空姐终于受不了啦，她二话不说，将窗户一打开，顺手把宠物猪和鹦鹉扔了出去。

就在被扔出窗外的一瞬间，鹦鹉对宠物猪说：“哼！没本事也敢泡妞？爷会飞，你会飞吗？”

当看完这则寓言之后，大家是不是觉得这个故事很搞笑，很好玩呢？但是，大家别忘了，如果给别人讲故事仅仅是为了好玩的话，那就失去讲故事的意义了。因为故事本身具有四大功能：欣赏性、教育性、劝导性和启迪性。所以，我们还需从故事中挖出一个道理。

就拿上面的故事来说吧，如果认真品味，我们就会从中领悟出：真正的牛人都是很低调的。如果不牛却偏偏喜欢吹嘘的话，那么结局就会跟这只宠物猪一样，下场很惨。

请注意：如果一个故事并没有什么深刻的寓意，与生活和工作也没有什么结合点，也没有启迪性，那么我们还是不要讲这个故事了。

其次，要增减故事的内容。为什么还要对故事内容进行扩写或者压缩呢？因为当领悟到该故事的主旨（或者说寓意）之后，我们只需要记住该故事的主要情节和重点内容就可以了。毕竟我们的目的是复述该故事，而不是去背诵该故事。于是，有些不是很关键的内容，就算原文的篇幅再长，描写得再细致，我们也无须细说了。另外，如果我们发现准备讲的故事还存在着情节上的缺陷，说服力不够强，那我们还需根据故事寓意的需要，对其进行扩写或者续写，甚至改编。比如，该故事结束时没有点评的部分，那我们就必须给它补上这部分的内容。

除了对故事的内容进行增减之外，我们还需对故事进行口语化处理。因为我们从书本上所看到的故事，是书面语言，比较适合阅读，而演讲却是以口头语言表达的方式面对听众。尽管口头语言不一定符合语法，但它比较容易被听众接受和理解。所以有时候，我们需要根据实际情况，对故事的某些文字做口语化处理。具体方式有：把单音词改为双音词，比如，“曾”要改为“曾经”，把长句改为整齐划一的、适合听的短句，把倒装句改为陈述句，慎用近音词和简称，等等。

再次，还需对故事内容的先后次序进行调整。由于我们从书本上所看到的某些故事，它可能是艺术加工之后的结果，已经进行了倒叙、插叙或者补叙等方面的处理。这种故事虽然便于阅读，但不便于听讲。所以，碰到这种情况，我们还需对其次序进行调整。

到底要怎样调整次序呢？我们最好遵循SCTORE法则（见图3-1）。

其实，SCTORE法则就是记叙文六要素（时间、地点、人物、起因、经过、结果）的升级版，其具体内容如下：

S（Situation），即故事的背景，包括时间、空间等。一般来说，情境的介绍最好简单扼要，能尽快地让听众在大脑中建构起该故事主人翁所处的情境。

C（Character），即故事中的主人翁，这个是必不可少的。不过，主人翁不一定非要是人，有时候还可能是其他生物，比如，牛、狮子等。

T（Task），即故事中的主人翁要去哪里，要干什么事情。

O（Option），既然要干事情了，那就存在着好几种方案以供选择。所以，好的故事必须提供有对比性的几个供选择的方案，并且选择的背后刚好是价值观的选择。

R（Result），任何一个故事都必须有一个结局，无论是喜剧还是悲剧。另外，这个结局必须体现选择的重要性与价值观的重要性。

E（Evaluation），最后，演讲者要对整个故事进行评价，总结出故事背后隐含的道理。

为了便于理解这一法则，我们用一个尽人皆知的故事来验证一下。

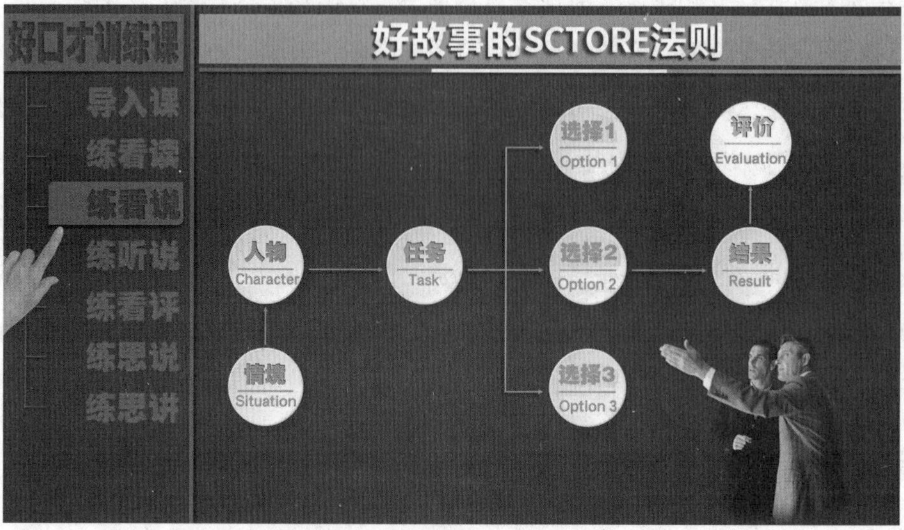

图 3-1

狐狸与葡萄

选自《伊索寓言》

森林里住着一只狐狸。

有一天，狐狸来到一片大草原上，发现了一棵葡萄藤。葡萄藤上结满了一串串晶莹透亮、香气扑鼻的葡萄。狐狸心想：这葡萄一定又甜又好吃！它看着葡萄，舌头舔着嘴巴，口水一直往下流。

狐狸迫不及待地伸手去抓，可是，葡萄藤太高了，够不着。于是，狐狸用尽力气往上跳，依然抓不到，只抓下了几片叶子。它想："我要是能像猫一样会爬藤就好了。"狐狸又试了几次，还是没能够着，旁边的小兔啦，小鹿啦……都笑狐狸是个傻瓜。

狐狸累得汗流浃背，喘着粗气说："这葡萄还没熟，一定很酸！一定是不好吃的。"说着它垂头丧气地回家了。边走还边回头看它心爱的葡萄，边走还边安慰自己："这葡萄真的没有熟，绝对是酸的。"

这个故事告诉我们：有些人能力不足，做不成事，就借口说时机尚未成熟。

根据SCTORE法则，上面这个故事的相关信息如下：

S：有一天、草原、葡萄藤；

C：狐狸；

T：想吃葡萄；

O：用尽力气跳，爬藤；

R：藤太高，够不着；垂头丧气地回家，自认为葡萄是酸的；

E：失败，找借口。

大家都看到了吗？为什么《狐狸与葡萄》这个故事流传那么广，因为它的内容安排正好符合SCTORE法则。

最后，态势语言与语气语调的设计。当处理好故事的内容之后，最后一步工作就是对其进行态势语言和语气语调等方面的设计了。

第一，语调设计。一般来讲，故事的开头都是采用平直调，在高潮部分才使用高升调或者曲折调。同时，为了增强故事的吸引力，我们还需添加语气助词，比如“啊”“呢”“啦”等。特别是在故事的高潮部分，必须把控好语速，否则故事就不够精彩了。另外，在讲故事的过程中还要注意语调。

第二，表情设计。讲故事的时候，面无表情是不妥的，我们还需要对自己的表情进行设计。一般来说，慷慨陈词的时候，采用的是坚定的表情；娓娓道来的时候，采用的是微笑的表情……总之，在故事的重点部分，也就是最能体现故事中主人翁的内心世界或者个人态度的地方，必须标注上表情。

第三，手势设计。讲故事时，既不能没有手势，也不能不停地做手势。一般来讲，一篇10分钟的故事，起码也要有15个手势，这其中包括单手手势和双手手势。那么，应该加入哪些手势呢？笔者的意见是：第一，根据内容的需要。比如：开场的时候，采用的是双手仰手式；当讲到故事的高潮时，要用食指指向天空。第二，根据情感的需要。比如，表示强调的时候，你可以采用手指手势和手掌手势，也可以采用拳头手势，但是请注意，这三类手势中，拳头手势的杀伤力是最大的。所以，我们最好选择拳头手势。

四、能快速提高复述能力的极佳训练材料

了解了复述口才训练法后，笔者再给大家提供一些训练材料，以供朋友们在进行复述训练时使用。这些材料包括必说的3个寓言故事、必说的3个励志故事和必说的3个感恩故事。这些材料都是经过精心挑选的，都是训练口才的极佳资料，希望朋友们看完之后能第一时间把它们复述给自己的朋友听。

1.必须复述的3个哲理性超强的寓言故事

狮子和羚羊

佚名

每天早上，当太阳升起的时候，非洲大草原上的动物们就开始奔跑了。

狮子妈妈在教育自己的孩子："孩子啊！你必须跑得再快一些，再快一些，你要是跑不过最慢的羚羊，那你就会活活地被饿死了。"

无独有偶，在另外一个场地上，羚羊妈妈也在教育自己的孩子："孩子啊，你必须跑得再快一些，再快一些，如果你跑不过最快的狮子，那你肯定就会被他们吃掉了。"

启示：无论你是羚羊还是狮子，你都必须奔跑；无论你是贫穷还是富贵，你都必须努力。

乌龟与兔子

高慕

某天，兔子和乌龟一起讨论到底谁跑得快，结果它们谁都不服输。于是，它们决定赛跑。

第一次，它们是在公路上比赛。结果兔子输了，为什么？因为兔子睡觉去了，乌龟先到达终点。这说明了勤奋比天资重要，想成功必须要非常勤奋。

兔子不认输，它又去找乌龟比赛。乌龟说："兄弟，别跑了，你就认输吧，我不会告诉别人的。"兔子说："不！如果没有取得最后的胜利，我是不会罢休的。"于

是，它们又继续了如下六次比赛。

第二次，它们是在操场上比赛。但是一开始，兔子就输了。为什么？因为兔子朝相反的方向跑去了。这说明了方向比努力重要，方向选不对，努力也白费。想成功必须要先选对方向。

第三次，它们是在草地上比赛。跑着，跑着，兔子不见了，乌龟又赢了。为什么？因为兔子掉到泥潭里去了。这说明了，想成功必须要善于发现陷阱和避开陷阱。天上不一定掉馅饼，但地上常常有陷阱。

第四次，它们是在山坡上比赛。兔子拼命跑啊，跑啊，但是，它还是输了。为什么？因为乌龟是滚下山的，当然更快一些。这说明了，想成功必须善于利用自己的优势。发挥优点比改正缺点更容易成功。

第五次，它们是在高速公路上比赛。兔子拼命地跑，不停地跑，最后还是输了。为什么？因为乌龟在路边一招手，打的去了。这说明了，要成功必须善于整合资源。

第六次，它们又回来操场上比赛。这回兔子跑得飞快，眼看就要到终点了，突然，兔子看到前面挂着一条横幅：谁是第一名，谁是龟儿子。兔子生气得不得了，不跑了，结果它又输了。这说明了，想成功要学会自我的情绪管理。小不忍则乱大谋。

第七次，它们还是在操场上比赛。兔子跑着跑着，快到终点了，突然感觉尾巴被什么东西咬了一下，兔子将尾巴一甩，竟将乌龟甩到前面去了。原来乌龟一直咬着兔子的尾巴奔跑，快到终点时，就死命咬了兔子一口。这说明了，要成功必须善于利用竞争对手的力量。成功需要朋友，更大的成功需要敌人。

启示：要成功必须具备七个条件——非常勤奋；选对方向；避开陷阱；发挥优势；整合资源；控制情绪；利用对手。

母鸡的广告

高慕

商场里，鸡蛋总是比鸭蛋好卖。这一不争的事实，让母鸭很不理解，它想把原因弄个明白。于是，某天母鸭找来了母鸡。

母鸭问：“鸡妹，我很纳闷，人类老是说你下的蛋营养价值高。其实，我们行内人士都清楚，大家下的蛋都是一个样。我的蛋还比你的蛋大呢！你说，为什么人类这么扯淡呢？”

母鸡答道：“鸭姐，先别激动！你很想知道事情的真相吗？”

母鸭说：“我真的很想知道！”

母鸡反问道：“那好，我先问问你，咱俩下完蛋后，有没有不同的表现？”

母鸭诧异地说：“有不同的表现吗？没有啊！”

母鸡语重心长地说：“有！你下完蛋后，总是静悄悄、一声不响。而我下完蛋后，还忙着给自己的产品做促销，不停地“咯咯咯”叫，意思是我的蛋好！我的蛋好！这就是鸡蛋比鸭蛋好卖的原因啊！”

启示：任何产品都需要做促销，正所谓“会哭的孩子有奶吃”。

2.必须复述的3个鼓舞人心的励志故事

断箭

佚名

白起是春秋战国时代秦国的名将，号称“四大战神”之首。有一次，他同儿子白仲一起出征打仗。

在路上，白仲问：“爸爸，你已经是大名鼎鼎的将军了，我还是一个无名小卒。怎样才能成为一名将军呢？”

“要成为一名将军的首要条件是勇敢杀敌。”白起说道。接着他拿出一个仅有一支箭的箭囊，郑重地说：“儿子啊！这是家传宝箭，佩带在身边，就会力量无穷，但是，你要记住，千万别把它抽出来。”

白仲一看，哇！太漂亮了。那是一个非常精美的箭囊，厚牛皮做成的，镶着发冷光的铜边，露出的箭尾，更是用上等的孔雀羽毛制成。白仲非常高兴，他想象着箭杆、箭头的模样，耳边仿佛有一阵嗖嗖的箭声掠过，敌方的主帅应声落马而死。

果然，佩带了宝箭后的白仲非常勇敢，杀敌无数。但有一次，就在鸣金收兵的号角吹响时，白仲再也按捺不住得胜的豪气，忘记了父亲的叮嘱，一股强烈的好奇心驱使他“呼”一声就拔出宝箭，试图看个究竟。

突然间，白仲惊呆了：一只断箭，箭囊里装着的竟然是一只折断的箭！

啊！我一直带着一只断箭打仗呢！白仲被吓出了一身冷汗，像瞬间失去支柱的房子，他的意志一下子被彻底摧垮了。

结果，白仲在接下来的战斗中惨死于乱军之中。

儿子战死后，白起捡起那支熟悉的断箭，他叹了一口气说：“不相信自己的意志，永远当不成将军。”

启示：人之所以能成功，是因为他相信自己能成功。成功的起点叫相信，成功的终点叫坚持。

一壶沙子

佚名

有一年，一支英国探险队在茫茫的撒哈拉沙漠里艰难前行。烈日下，探险队队员们个个口干舌燥，挥汗如雨。最糟糕的是，已经没有水了，他们很着急，不约而同地将目光投向队长，这到底怎么办呢？

这时，探险队队长突然从腰间取出一个水壶，说：“我这里还有一壶水。不过，在穿越沙漠之前，谁也不能喝。”然后，他把沉甸甸的水壶递给身边的一位队员，接着，水壶在队员们的手中转了一圈。

最后，队长郑重地将水壶交给了一位大家平时最信赖的长者手里，由他来保管。队长对大家说：“水就在这里，我们跟着它一起继续前进好吗？”

虽然大家都没有喝到水，但看着眼前的这一壶水，他们原来那绝望的脸上又露出了坚定的表情，一定要走出沙漠的信念支撑着他们一步一步地向前走去。

终于，探险队顽强地走出了沙漠，挣脱了死神之手，大家高兴地哭了起来。就在这个时候，有一位队员提议说：“我们应该庆贺一下，把水拿出来喝。”

那位最值得大家信赖的长者把水壶拿了出来，就在他用颤抖的手拧开水壶盖的瞬间，大家惊呆了：水壶里流出来的竟然不是水，而是一粒粒的沙子。

启示：只要有信心，一壶沙也能帮助大家走出沙漠；人生从来没有真正的绝境，无论遭受多少艰辛，无论经历多少苦难，只要一个人的心中还怀着一粒信念的种子，那么总有一天，他一定能走出困境，让生命重新开花结果。

砌墙

佚名

有一位哲学家经过某工地，看到三位工人正在砌一堵墙。哲学家就问：“你们在干什么呀？”

第一位工人没好气地说：“没看见吗？我在干苦力活。唉！命苦！”

第二位工人抬头笑了笑，说：“我们在盖一幢高楼。”

第三位工人边干活边哼着歌曲，他的笑容很灿烂，他回答：“我们正在建一座教堂，向世人传播上帝的福音。”

10年过后，当这位哲学家再次途经这个地方时，他得知：第一个工人还在另一个工地上砌墙；第二个工人则坐在办公室中画图纸，他成了工程师；第三个工人呢，他是前两个人的老板。那是谁告诉哲学家这个消息的呢，就是这位老板。

启示：你手头的工作，其实就是事业的开始。能否意识到这一点，就意味着你能否干出一番大事业。

3.必须复述的3个催人泪下的感恩故事

孩子的爱心

佚名

一位单身女子搬到新家后，她发现隔壁住着一户穷人家，一个寡妇带着两个小孩子。

有天晚上，那一带居民区忽然停电了，这位女子只好点起了蜡烛。没一会儿，她忽然听到有人敲门，开门一看，原来是隔壁邻居的小孩子。

只见那小孩子很紧张地问：“阿姨，请问你家有蜡烛吗？”

“什么？”女子心里想，“他们家竟然穷到连蜡烛都没有？那千万别借给他们，免得以后被他们依赖上了！”

于是，女子对孩子吼了一声：“没有！”正当她准备关上门时，那穷小孩展开灿烂的笑容说：“我就知道你家一定没有！”一说完，就从怀里拿出两根蜡烛，说：“妈妈和我怕你一个人住又没有蜡烛，所以我带两根来送给你。”

啊！原来是这样。此刻，既羞愧又被感动得热泪盈眶的女子，顺手将那小孩子紧紧地拥在怀里。

不同的记法

佚名

有两个人在沙漠中赶路，他们曾是很好的朋友。但在旅途中不知出于什么原因，他们竟然吵架了，其中一个人还打了另一个人一巴掌。被打的那个人很伤心，于是，他就在沙地里写道：“今天我的朋友打了我一巴掌。”

写完后，他们继续往前走，来到了一块沼泽地。就在这时，被打的那个人一不小心，竟然陷入沼泽里了，而另外那个人不顾一切，拼了命才把他救了出来。被救的那个人非常高兴，于是就找来一块石头，并在上面刻下：“今天我的朋友救了我一命。”

朋友对此有点迷惑不解了，就问：“为什么我打了你一巴掌，你把它写在沙地里，而我救了你一命，你却把它刻在石头上呢？”

那个人笑了笑，说：“当别人对我有误会或者有什么对我不好的事发生时，就应该把它记在最容易遗忘、最容易消失不见的地方，由风负责把它抹掉；而当朋友有恩于我，或者对我很好的话，就应该把它记在最不容易消失的地方，尽管风吹雨打也永远抹不去、忘不了。”

母亲的担心

高慕

这是一个发生在我家乡的真实故事。20世纪80年代初，在一个贫穷的小山区里，有一对相依为命的母子，母亲由于得了中风，已经卧床很多年。

有一次，医生告诉这位年轻人，人得这种病是不会马上死掉的，但他的母亲永远也不会站起来了，需要他终身照顾。

听医生这么一说，年轻人彻底绝望了。也许是久病床前无孝子吧，有一天夜晚，他鼓起勇气，背起他母亲，奔往山林深处。

在路上，母亲不停地问他：“儿子，这么晚了，要去哪儿？要去哪儿？”

他不作声，一直低着头往前走。走着走着，突然，母亲不说话了，背后传来折断树枝的咔嚓声。他生气地问：“妈，你干吗？”

母亲回答：“孩子啊！你回去的时候，方便你好认路啊！”

年轻人一听，转过身来说：“妈，我走错路了。”一说完，就背着母亲跑回家去了。

第四课

描述法，既能锻炼思维能力，又能提高语言组织能力

曾经有不少同学向我咨询过同样的一个问题：“陈老师，在一些重要会议上，大家一起发言时，我发现，有的同事讲得很形象、很具体、很生动、很深入，而我呢，不仅表达不生动，语言也很苍白，总觉得老是找不到合适的词汇，没讲几句就说不下去了，有种言不尽意的感觉。但好像也不是思路的问题，因为我知道要先讲什么，再讲什么。这到底是怎么回事呢？”

也经常听到一些朋友或者同事这么说：“在这次分享会议上，其实，我还想多说几句。可是，真奇怪！说着说着就卡在那里了，感觉有些话已经到了嘴边，又突然记不起来了，真的是急死人！没办法，只好不说了。后来轮到其他同事发言时，他竟然将自己想不起来的话给说了出来，你说气人不？”

在笔者看来，其实这应该是语言组织能力的问题。当然，也不排除语言较为匮乏的因素。

理由是：如果一个人的语言组织能力比较差，就算他的大脑里有再好的素材、再多的素材，还是调动不出来，更不能有机地组合在一起，并很好地对其进行润色。于是，在即兴讲话的时候，就会老觉得词汇匮乏，无话可说。

既然出现上面两个问题的主要原因都是语言组织能力较差，那么应该如何训练，才能提高我们的语言组织能力呢？

笔者认为，要多多进行口头描述训练。

一、什么是描述

描述有时也叫描写，二者的区别是：用笔写出来叫描写，用嘴说出来叫描述。所以，这里所说的描述，不是文字方面的描述，而是指口头描述，也就是把自己所看到的客观事物用描述性的语言生动、具体、形象地表达出来。

描述这种方法不但可以训练一个人的观察能力，更重要的是它能快速提高个人的语言组织表达能力。

下面，笔者对其进行详细的介绍。

二、必须描述好这三类对象

在演讲中，我们要描述的对象还是非常多的，主要有如下三大类。

1.人物描述

人物描述可以细分为如下四种：

肖像表情描述。这是对人物的外部特征进行描绘，具体内容包括人物的容貌、身材、衣着、姿态、神情等。比如："大家好！站在我身边的这位美女漂不漂亮？漂不漂亮？乌黑的大眼睛，一闪一闪的，我都快给迷死了。"

肢体行动描述。这是对人物在典型环境中的行为动作进行描绘，这种手法一般运用在讲故事的时候。比如："枪声一响，两个姑娘如离弦之箭，向前冲去。她们的动作协调有力，在冰面上轻快地飞驰，仿佛两只飞燕，紧贴地面飞翔，你追我赶，互不相让。"

外在语言描述。这是对人物的语言进行描绘，具体方式包括对话、独白、旁白等。这种手法一般也是运用在讲故事当中。不过，值得注意的是，语言描述时必须简练，最好能用简洁的语言来表达丰富的信息。比如，在相声《戏剧与方言》中，侯宝林和郭启儒用河南话进行对话的那一段非常经典："谁？""我。""咋？""尿！"

内在心理描述。这是对人物在一定情境中的想法、感触、情绪、意识等进行具体的刻画。演讲者在讲自己的故事时，会常常用到这种手法，并且取得的效果非常好，能快速引起现场听众的共鸣。例如："我往台下一看，妈呀！不看不要紧，这一看，我的心更慌了。有多少双眼睛盯着我呀！我的双手也不知道怎样放了，我的眼睛也不知道往哪里看合适了，我的头也嗡嗡地响了起来，最可恨的是我的腿也有点哆嗦了。"

2.景物描述

景物描述可细分为自然环境描述和社会环境描述两种：

自然环境描述。这是对人物周围一切事物进行描述，包括事件发生的时间、地点和景物等。这种手法在演讲中运用得不多。不过，如果用得恰当的话，效果还是蛮不错的。例如，下面这段关于人物所处环境的描述：

褚时健申请保外就医通过之后，他来到了哀牢山种橙。每天早上天刚亮就上山，到了傍晚才回家，夕阳将他的背影拉得很长很长，此时，寂寞如墨，他的身边，除了一把锄头，只有一条狗。

社会环境描述。这是指对特定的时代、社会背景等进行描述，它一般不能以单独的形态存在，常常借自然景物来加以体现。这种手法在演讲中也比较少见。不过，如果应用得当，效果也相当不错。比如，下面这篇竞选演讲稿的开头部分：

同志们，听着窗外响起的阵阵春雷，我的心也不由得一震。是啊！现在屋内不也是春雷滚滚吗？干部聘任制度改革的春雷正在我们这片天空上震响，在这场竞争中，也许我只是一个过客，但我要张开双臂，为春雷、春雨的到来而欢呼！

3.场面描述

场面描述是指在一个特定的时间和环境中，对许多人物活动画面进行总体情况的描述。说白了，就是将人与人、人与景混在一起进行描述。它既体现在人与人之间相互发生关系而形成的动态画面的描述上，又表现在作为人物活动背景的静态环境的渲染上。比如，下面这段评书选段：

前文再续，书接上一回，唐僧师徒来到火焰山下，只见山上到处是火，天上到处是烟，一阵热浪扑面而来。

好个孙悟空，叫来了风神和雨神。只见“呜——呜——”一阵大风刮过，接着“哗啦哗啦”下起一阵暴雨。你再看火焰山，啊？火更猛了，烟更浓了，怎么办？孙悟空突然想起只有铁扇公主的芭蕉扇才能将火扑灭。于是，孙悟空立刻前往翠云山芭蕉洞找铁扇公主借芭蕉扇。

嗯？究竟孙悟空能不能借到芭蕉扇，又能不能将火焰山的火扑灭？唐僧师徒能不能顺利地走过火焰山呢？欲知后事如何，请听下回分解！

三、能快速提高表达能力的两种口头描述方法

在演讲中，描述的方法主要有两种：一为工笔，二为润色。

1.工笔

工笔，指的是用细腻入微、工整细密的笔触，对人物、景物和场面进行描述的方法。

该方法还可以细分为三种：第一种是细节法，即对描述对象的某个细节进行细腻的刻画。第二种是形容法，即使用多个形容词从不同角度对一个主语进行描述。第三种是想象法，即展开想象，对描述对象的心理等进行猜测和揣摩。

说白了，工笔手法就是微观描述，它把事物细微、本质的一面，鲜明而又逼真地给听众描绘了出来。可以这么说，如果没有那些细致又富有表现力的描述，就没有真切生动的说服力，更谈不上演讲具有真实感和艺术感染力。

综上所述，如果在某个特殊的需要当众演讲的场合，比如，述职演讲、竞聘演讲等，而领导也给了你足够的时间，那你应该对自己的个人特长或者过往业绩进行工笔式的描述。比如，下面这篇竞选演讲稿的个人优势部分：

竞聘营销部经理，我认为自己有以下优势：

第一，我自1996年进入酒店行业，一直从事销售、策划等工作，对现代化酒店的运营有比较全面系统的认识，在营销工作的策划、组织、控制等方面积累了丰富的经验。

第二，我非常乐于学习，喜欢创新，思维活跃，知识面比较宽。营销部作为一个

和同事、客人打交道最频繁的部门，经常要与形形色色的、不同阶层的人沟通和交流，这一点非常重要。

第三，我今年35岁，年富力强，头脑清醒、精力充沛，正是一个人干事业出成绩的最佳时期，所谓“十年磨一剑”，此正是“扬眉剑出鞘”之时。

第四，我重感情、讲义气，为人诚恳、乐于助人，喜欢结交朋友。

第五，我尊重他人、理解他人，不强人所难。

第六，我反应比较机敏，能在短时间内找到解决问题的办法，而且不畏惧压力和困难。

当然，我身上也存在着一些阻碍自己发展、可能影响工作的缺点。比如，有时比较懒散、不够勤奋、情绪不稳定等，给人以不易接近的错觉。我将努力改正这些缺点，在完成工作、干事创业的过程中不断完善自我，也真诚希望在座的各位领导、同事及时给予我批评指正。

2.润色

润色，是指修饰文字，让其富有文采。换一句话说，就是借助比喻、夸张、对偶、排比等修辞手法，把客观事物生动且明了、具体而细致地表现出来。

如果说，工笔是把事物描述得更加细致、更加具体、更加让人可信，那么，润色就是要把事物描述得更加出色、更加生动、更加具有吸引力。

所以，倘若能很好地把这两种手法结合起来使用，那就不愁演讲会不生动、不精彩、不具有吸引力。

下面，笔者详细介绍润色的方法。

说到润色必须提到修辞，提到修辞，我们不得不再提到修辞手法。据权威资料统计，到目前为止，我们常用的修辞手法大约有22种，并且它们可以分为如下3类：

语音类：押韵、谐音。

形状类：对偶、回环、顶真、反复。

意义类：比喻、比拟、借代、仿词；设问、反问；双关、反语；拈连、移就；析字、藏词；排比、层递；夸张、通感。

但是，应用在演讲当中，能让演讲稿显得既有文采，字数又增加不少的仅有4种修辞手法：对偶、排比、比喻、夸张。如果我们以形状和意义、均衡和侧重为两个维度建立坐标轴，它们刚好分布在4个象限中（见图4–1）。

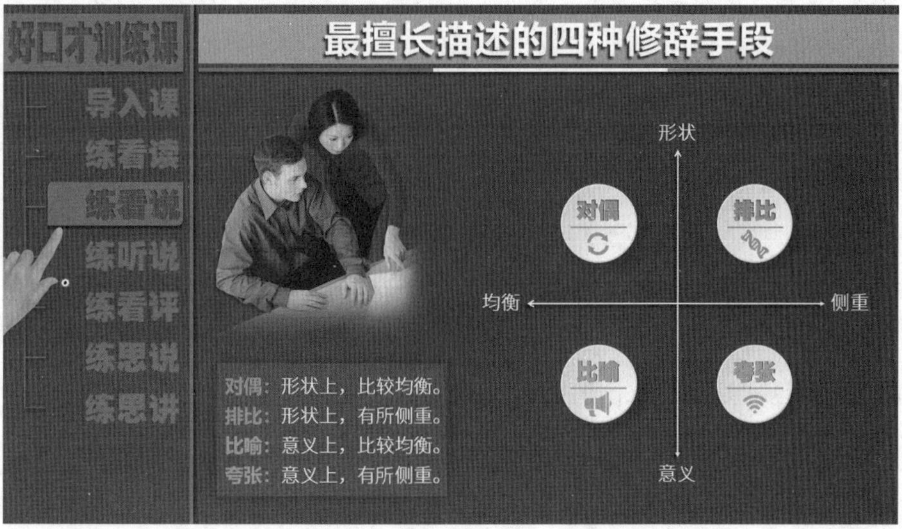

图 4–1

（1）对偶

即结构相同或基本相同、字数相等、意义上密切相连的两个短语或句子，对称地排列在一起的修辞手法。

对偶，从形式上看，前后两部分整齐匀称，音韵和谐，具有很强的节律感；从内容上看，前后两部分密切关联，凝练集中，具有很强的概括性。正因为它具有鲜明的语言特点和特有的表现力，便于记忆和背诵，所以在抒情、叙事、议论等演讲稿中被广泛使用。比如，下面这段竞选演讲稿，就使用了大量的对偶句。

“三个适度”是冷热适度，对人不搞拉拉扯扯，吹吹拍拍，等距离相处；刚柔适度，对事当断则断，不优柔寡断；粗细适度，即大事不糊涂，小事不计较。做到对同事多理解，少埋怨；多尊重，少指责；多情义，少冷漠。刺耳的话冷静听，奉承的话警惕听，反对的话分析听，批评的话虚心听。力争在服务中显示实力，在工作中形成动力，在创新中增强压力，在与人交往中凝聚合力。

点评：

大家看到了吗？本来只想说一句，但为了考虑到事物的对比性，结果呢，说出了两句。这么一来，不但字数增加了一倍，而且把相关联的事物搁在一块之后，表现力也增强了。

不可否认，对偶是一种非常好用的修辞手法。但是，笔者在此还要向大家强调一下，在使用对偶修辞手法时，为了能对演讲稿加以润色，我们最好做到如下两点：

第一，对偶句的字数是单数，比如，三个字、五个字、七个字、九个字等。

第二，对偶句中的节拍最好如下文所示。

三个字：××｜×，例如，颜巷｜陋，阮途｜穷。

五个字：××｜××｜×，例如，潮平｜两岸｜阔，风正｜一帆｜悬。

七个字：××｜××｜×｜××，例如，两个｜黄鹂｜鸣｜翠柳，一行｜白鹭｜上｜青天。

九个字：××｜××｜，｜××｜×｜××，例如，以古｜为镜，可以｜见｜兴替；以人｜为镜，可以｜知｜得失。

（2）排比

即把结构相同或相似、语气一致、意思密切关联的三个或三个以上的句子或句子成分排列起来，以增强气势、强调语意、加深感情的修辞手法。

排比是一种非常有表现力的修辞手法。用来叙事，可以把事实叙述得有条有理；用来描物，可以把事物描述得井然有序；用来说理，可以把道理说明得面面俱到；用来抒情，可以把情感抒发得淋漓尽致。所以，在撰写演讲稿时，这种修辞手法更是被经常使用。比如，下面这篇演讲稿，几乎是用排比句堆起来的。

我愿做演讲事业的马前卒

于涛

朋友们：

不瞒各位，我这个人没什么令人羡慕的学位、官衔等，但当我来到北国江城，踏进了中国演讲事业的奥林匹克宫殿时，我并没有感到自卑，而是感到了使命的神圣，责任的重大。

因为，我学会了演讲，才找到了通向成功的阶梯；因为，我拥有了口才，才注定了我将来一定是个人才；因为，我学会了说话，才拥有了这么多的朋友；因为，我“巧舌如簧”才“骗”到了一位心甘情愿受“骗”的美丽贤惠的太太。

今天，在这松花湖畔，我要说：

我愿是松花湖中的一滴水珠；

我愿是演讲实践洪流中的一个马前卒；

我愿是中华演讲事业大潮中的一位献身者——甚至是不幸的，但绝对是壮烈的牺牲者！

因为，我坚信并始终坚信：

我们为之奋斗的事业，乃是历史的重任，乃是民众的渴望，乃是时代的呼唤！

各位尊敬的演讲家、演讲学家、演讲活动家，如果我们都能以这句话共勉，我们何愁我中华之演讲事业不兴旺发达呢？

点评：

大家看到了吧，本来只用一句话也能够解决问题的，但为了增强气势和加深感情，结果整出来了三句话。不但字数增加了，而且表现力也更强了。

可以这么说，排比是一种比对偶更具表现力的修辞手法。在撰写演讲稿的时候，我们最好能用到它。不过，为了在演讲稿中运用这种修辞手法，使演讲稿更具有杀伤力和吸引力，笔者认为，必须做到如下三点：

第一，在句子数量方面。这段话最好由三句话组成，因为两句无法构成排比句，如果为四句话或者五句话，就会担心因为肺活量或者音高的问题而驾驭不了这么长的一段话，毕竟在演讲的时候，我们在语音语调方面的要求是，后面一句话的声音要比前面一句话要高。比如，下面这个排比句，尽管文字很出彩，但如果不是演讲老手，可能就会翻车。

如果把人生分为四天，那就是春天、夏天、秋天、冬天；如果把人生分为三天，那就是昨天、今天、明天；如果把人生分为两天，那就是白天、夜天；如果把人生分为一天，那就是每一天。今天，我祝愿在座的各位，快乐每一天、把握好每一天。

第二，在文字数量方面。如果三句话的文字一样多，也行。但最好是后一句比前一句更长，或者是前两句一样长，而最后那一句更长。因为这样，演讲者在演讲的时候，才会更有激情，才会发挥得更好。我们来看下面这个排比句。

假如我变成黄土，黄土也爱着你；

假如黄土上长满青草，青草也爱着你；

假如青草上挂满露珠，露珠一样也爱着你。

第三，在末字声调方面。一般来讲，如果三句话的最后一个字都能够做到押韵，那就非常完美。比如，下面这个排比句：

如果你有才干，请拿出才干；如果你缺少才干，请你多流点汗；如果你既缺少才干，又不愿流汗，那你就乖乖地给我滚蛋！

如果办不到，那么要求这段话的最后一个字最好是平声，也就是第一声或者第二声。例如，下面这句话：

世界上最广阔的是海洋，比海洋更广阔的是天空，比天空更广阔的是人的胸怀。

为什么要求句末那个字是平声呢？因为这样才能方便演讲者在演讲时使用拖腔和高升技巧，让演讲更加激情澎湃。

（3）比喻

比喻就是平常所说的打比方，是用本质不同又有相似点的甲事物来描绘乙事物或用甲道理说明乙道理的修辞手法。

比喻这种修辞手法的作用还是很多的。第一，它能使深奥的道理浅显化，让人加深理解；第二，它能使抽象的事物具体化，让人易于接受；第三，它能使概括的东西形象化，给人鲜明的印象。比如，下面这段话：

我也深知，办公室的工作非常辛苦，正如前段时间社会上流传的那样：在办公室工作的同志就像忠诚的狗、老实的羊、受气的猪、吃草的牛、忙碌的马。可是他们像蜡烛一样，燃烧自己，照亮别人；他们像竹子一样，掏空自己，甘为人梯。

点评：

用大家非常熟悉的甲事物去描绘乙事物，虽然说，这无形中比直接描绘乙事物更加啰唆，但是，它能让我们马上对乙事物有一个初步的认识。所以，比喻也是一个非常好用的修辞手法。

不过，为了能让我们在演讲中更好地去使用这种修辞手法，笔者特别强调以下两点。

第一，比喻最好能与幽默挂钩。因为幽默的比喻句最能赢得听众的阵阵掌声。比如，下面这两段话：

目标就像内裤，你必须有，但不能随便展示于他人。当然，如果你是超人，内裤就可以反穿。

老板说，大家干好了，年底就多发奖金。其实，这样的话就像香水，可以闻，但不能喝。

第二，比喻句的内容必须是积极向上的，不能是消极低俗的。如果这么用，就会破坏演讲嘉宾在听众心目中的形象。比如，下面这个比喻句就不妥当。

生活就像是拉屎，尽管你很努力，结果还是只放出个屁。

（4）夸张

夸张是为了更突出、鲜明地表达思想情感而有意言过其实的修辞手法。在这里，所谓的言过其实指的是对客观的人、事物做或扩大或缩小或朝前的描述。

可以这么说，夸张是以真实性为基础，对事物某方面的特征加以合理合情的渲染，使人感到不真实，但胜似真实。

所以，如果能够恰当地运用夸张，除了可以抒发感情，揭示事物的特征和本质之外，还可以激发台下听众的想象力，增强演讲的生动性。比如，下面这段婚礼致辞。

爱情是古老而年轻的话题，也是不朽的人生主题。许多人已经拥有，更多人正在追求。两位新人有着初恋时“月上柳梢头，人约黄昏后”的脸红心跳，也有热恋中“冷落清秋伤别离”的难舍难分。经历了“似水柔情，佳期如梦”的苦苦期盼，品尝过“相知不渝，同心永结”的浪漫温馨，终于迎来这携手共赴红毯的幸福时刻。古往今来，多少美妙的爱情故事，曾让我们感叹不已，但无论是泪洒斑竹，魂断潇湘，还是天河凝望，情寄西厢，比之两位新人的爱情都要逊色三分。“只应书上有，却道俗尘无”的爱情故事，真实地呈现于我们眼前，使我们由衷地感到：凡尘自有真情在，到底人间喜事多！

点评：

不可否认，夸张是一个非常好用的修辞手法，被广泛地应用在各种各样的演讲稿之中。不过，正因为这种修辞手法有点“猛”，如果使用不当，那么效果会适得其反。所以，笔者建议如下：

首先，被夸张的对象不能是自己。哪怕是自我解嘲也不可以。演讲嘉宾毕竟不是演员，自我抹黑会破坏自己在听众心中的形象。

其次，要注意应用场合。比如，一些严肃的汇报、报告等，应尽量少用这种修辞手法。

四、这两种描述方式你必须掌握

口头描述训练既可以描述人、描述物，也可以描述某个场景；既可以做静态描述，也可以做动态描述。常见的方式有如下两种。

1.看图说话

看图说话就是对单幅图画进行观察，展开联想，然后说出你看到的和想到的内容。这种方式，属于静态描述。

看图说话还可以分为如下两种情况：

内容简单的图画，即其画面或者内容比较单一的静物，比如《漂亮的小台灯》；或者是较为简单的环境、情景或人物活动，比如《美丽的小山村》。

内容复杂的图画，即其画面不仅仅包含一个静物或单一的活动，可能还会涉及较复杂的活动、多个人物的关系，甚至还会涉及思想观念、道德修养和人物情感境界等方面。比如《郊游》《运动场上》等。

【典型例子】

虚惊一场

张佳怡

（本文配图见图4-2）

夜已阑珊，人们都进入了梦乡。四周安静得一点声响都没有，只有天上的星星还在一闪一闪地眨着大眼睛。

一只小老鼠偷偷地爬上了主人的电脑桌，准备开心地玩游戏。它飞快地按下开机键，双眼一动也不动地盯着电脑屏幕，乐得长尾巴都高高地翘起来了。

忽然，电脑屏幕一闪，出现的竟然是一张胖乎乎的非常熟悉的大圆脸。妈呀！这不是主人家所养的大花猫吗？它怎么跑到电脑里面去了？

只听到大花猫冷笑了几声，慢条斯理地说：“小样，又来偷用主人的电脑玩游戏了吧？我在此等你已经很久了，不如，我们俩先来玩一场游戏，怎么样？”

图 4-2

小老鼠一听，魂都吓飞了，连忙说：“猫兄，岂敢！岂敢！别开玩笑，好不好？”它赶紧跳下电脑桌。

就在它转身逃跑的一瞬间，不小心触碰了一下鼠标。

小老鼠回头一看，啊？猫兄竟然不见了！

真奇怪！这到底是怎么回事呢？小老鼠愣住了！

2.场景描述

场景描述就是直接用口头语言来描述眼前所看到的事物，例如，会场活动、校园景色、电视广告画面等。它属于动态描述。

【典型例子】

用飘柔就是这么自信

（本文配图见图4-3）

这是一段非常经典的30秒钟的电视广告。

首先出现的画面是：一个非常现代化的飞机场，在一望无际的停机坪上，停满了各个航空公司的豪华大飞机。

画面马上切换到航站楼的出口处。只看见一间间极其繁华、精致的商店紧密地排列在一起，各种文字的广告灯如姿态各异的妖娆女子，十分抢眼，走道上尽是一些行色匆匆的商旅人士。

此时，男主角出现了，一身休闲打扮，十分帅气。他走走停停、左顾右盼。可以

图 4-3

看出来，他在等人，心情非常着急。

突然，一个穿白色连衣裙的女子飘然而过，身材高挑，一头秀发。特别是她拉着行李箱，迈着轻盈的步子款款而行时，那头又浓又黑的长发，被她随意地甩来甩去，无比飘逸，看得人心里痒痒的。

望着如此熟悉的身影。男主角犯嘀咕了：“是她吗？头发可没这么漂亮啊！”

女主角猛然回过头来，带着几分调戏的口吻微笑地说：“不认得了啊？”

“啊！真是你啊！可是，你以前的头发没这么漂亮啊！”

“是的。用飘柔就是这么自信！我们不一样！我们就是不一样！”

五、能快速提高口头描述能力的具体训练步骤

无论是演讲还是辩论，都需要有较强的语言组织能力，如果没有这种能力就很难成为一流的演说家、辩论家。可以这么说，语言组织能力是口语表达的一项基本功。既然如此，那通过何种方式才能提高语言组织能力呢？当然，口头描述就是其中最有效的方法之一。口头描述训练方法的步骤如下。

第一步，素材获取。即找来一幅画、一段电视广告，或者去某个风景区。

第二步，认真观察。不仅需要你用眼睛去观察，还需要你用心去体验。这一步非常重要，因为观察是描述的基础，你只有看到了别人看不到的地方，你才能说出别人说不出的话。

第三步，整理思路。整理思路是指在做口头描述时，要有先后顺序，比如，从左到右，从中间到周围，从人物到环境，从人的外形描述到人的心理猜测等。不能东一句、西一句，让人感到杂乱无章，无所适从；同时还要详略得当，比如，要抓住画面或者景物的重点，不能像记流水账那样，平平淡淡。

第四步，进行口头描述。这是最后一步了，这一步的要求是表达要清楚、明白，要有一定的文采；同时，可以考虑加入自己的联想或者感受，使你的描述更加充实、生动。

六、能快速提高口头描述能力的极佳训练材料

介绍了口头描述口才训练法后，笔者再给大家提供一些训练材料，以便供朋友们在进行口头描述训练时使用。这些材料包括必须描述的10张能转变思维模式的图片，必须描述的10个让人过目不忘的画面或人物。这些材料都是经过精心挑选的，都是训练口才的极佳资料，希望朋友们认真完成这次学习任务。

1.必须描述的10张能转变思维模式的图片

（1）漏洞（a）（见图4–4）

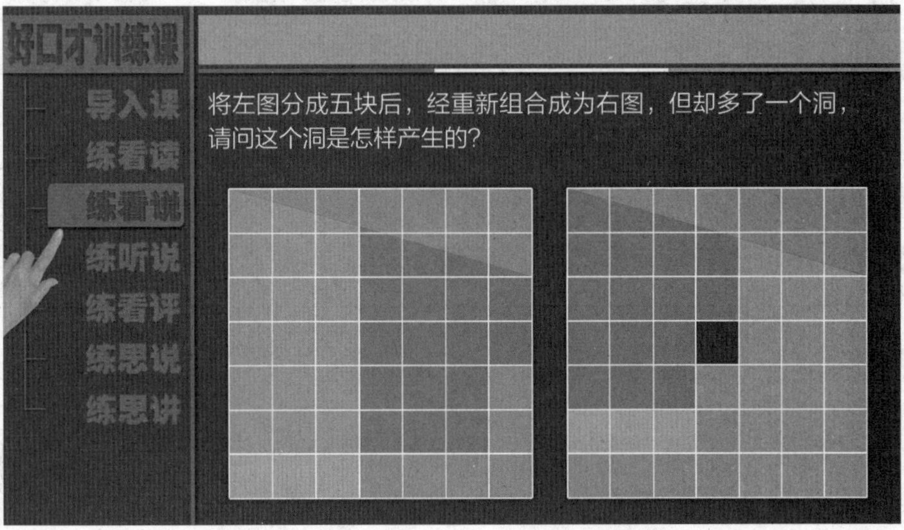

图 4–4

（2）**漏洞（b）**（见图4–5）

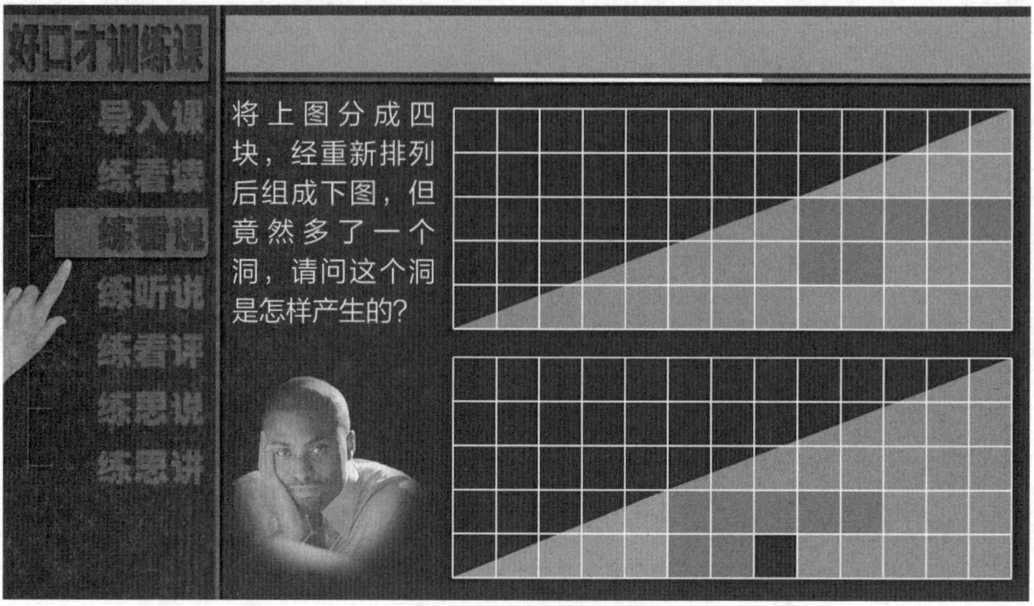

图 4–5

（3）**找脸（a）**（见图4–6）

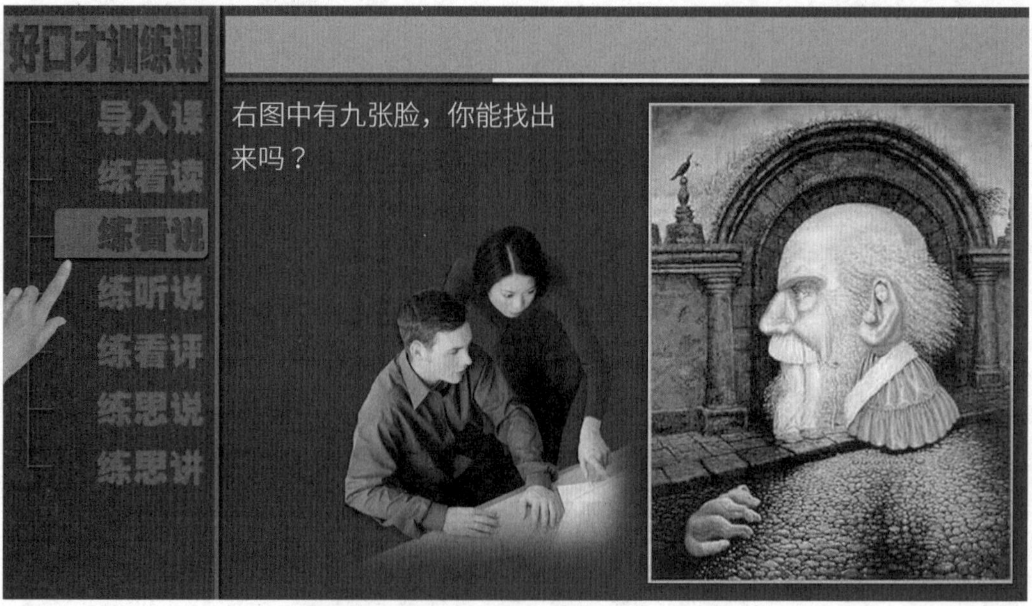

图 4–6

（4）找脸（b）（见图4–7）

图 4–7

（5）找人（a）（见图4–8）

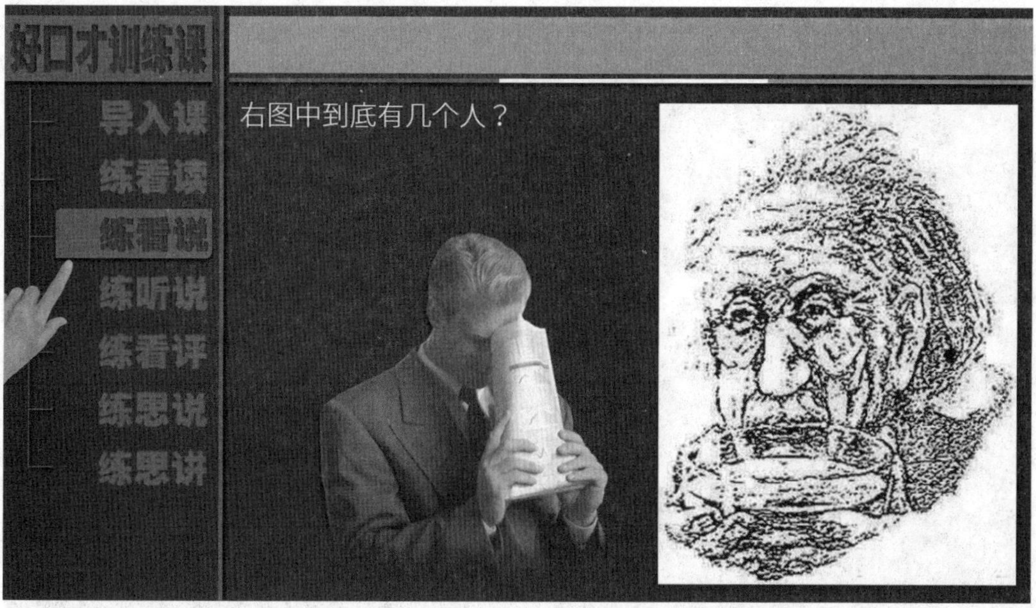

图 4–8

（6）找人（b）（见图4–9）

图 4–9

（7）找物（a）（见图4–10）

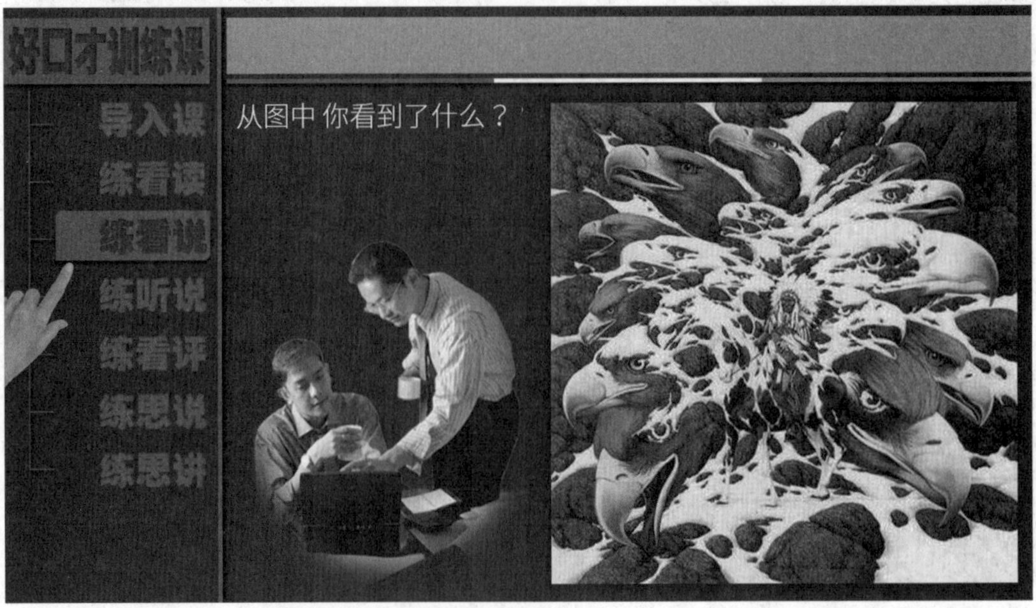

图 4–10

（8）找物（b）（见图4–11）

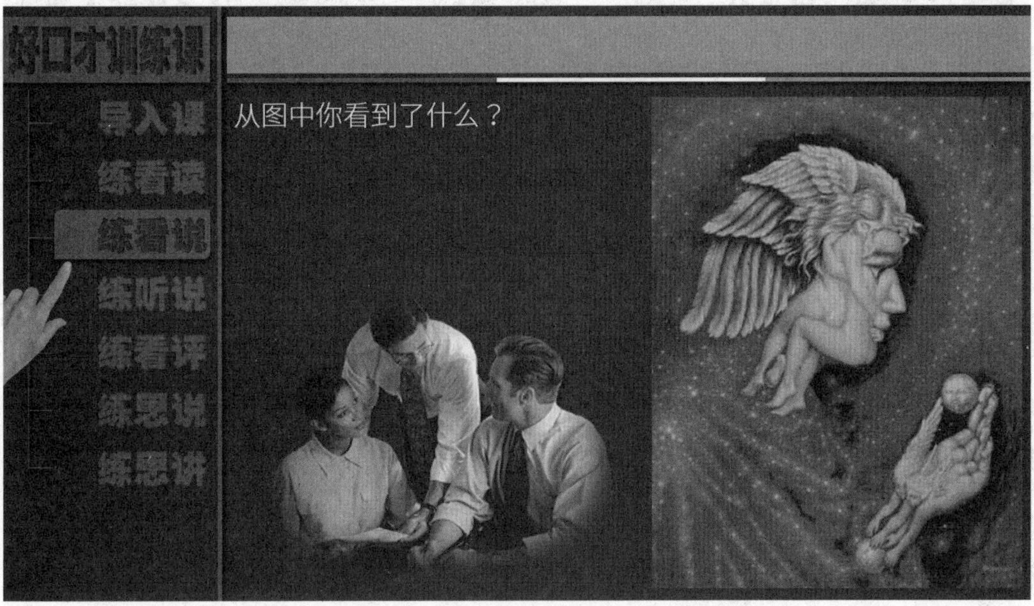

图 4–11

（9）心情（a）（见图4–12）

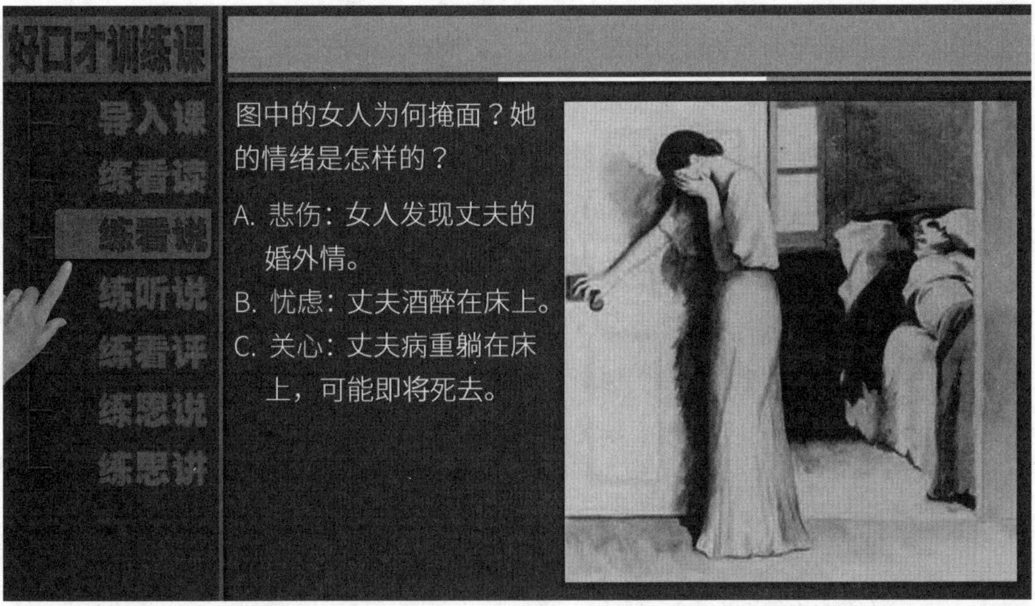

图 4–12

（10）心情（b）（见图4–13）

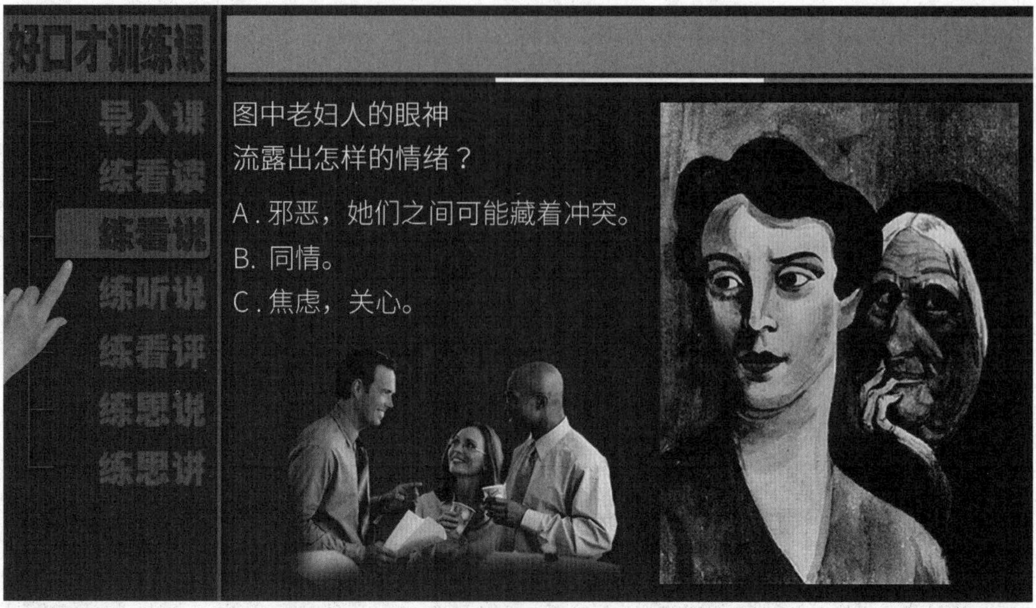

图 4–13

2.必须描述的10个让人过目不忘的画面或人物

①描述你印象最深的一段保健品电视广告。例如，脑白金。

②描述你印象最深的一段洗发水电视广告。例如，海飞丝。

③描述你印象最深的一段汽车电视广告。例如，丰田。

④描述你印象最深的一段房地产电视广告。例如，万科。

⑤描述你印象最深的一段酒类电视广告。例如，人头马。

⑥说说你最喜欢的中央电视台节目主持人。例如，罗京。

⑦说说你最喜欢的小品演员。例如，冯巩。

⑧说说你最喜欢的电影演员。例如，陈道明。

⑨描述一处你熟悉的景观。

⑩描述校园一角。

第三部分

练听说

第五课 转述法，既能提高记忆能力，又能提高语言表达能力

有一次，一位在保险公司上班的学员跟我说，他所在公司的业务部门每天都开晨会，在晨会上，很多同事都被邀请出来发言，就工作方面的经验总结或者心得体会做现场分享。而他有一个年纪稍大的同事特别擅长采用讲故事的方式进行分享，其所讲的故事，大多数既不是发生在他自己的身上，也不是发生在他周围朋友的身上，好像也不是从书本上看到的。总之，每天必讲一个新故事，似乎他的故事永远也讲不完。这到底是怎么回事呢？难道他所讲的那些故事都是自己瞎编的吗？

“他是不是已经工作很多年了，并且经常参加这样的经验分享会？”我问这位学员。

“是的，他进保险行业都20多年了。”这位学员说。

“那说明除了自己的故事之外，其他的故事可能都是转述别人的。也就是说，由于他经常参加这样的经验分享会，听过太多关于别人的精彩故事，而他都记住了。于是，在另一个场合，这些故事又被他拿来分享了。”我解释。

“别人所讲的故事，听一次就能记住了？”这位学员问道。

“是的，有些人就是这么厉害！我们今天刚好也要探讨这个问题：如何完美地转述别人所讲的故事。”我回答。

一、什么是转述

转述，也是凭着个人的记忆和理解，把别人说过的话再说一遍。比如，你刚从朋友那里听到了一个笑话，回到公司之后，又马上讲给你的同事听。

如果说，复述主要是训练一个人的阅读记忆能力以及把书面语言变为口头语言的组织表达能力，那么，转述则在于训练一个人的听辩记忆能力以及语言表达能力。因此，转述既是一项锻炼口才的基本功，也是一种非常实用的口才训练法，它可以训练一个人的听力、记忆能力，还可以培养一个人的语言表达能力。

二、这两种转述方式你必须掌握

转述可以是转述观点，也可以是转述故事，常见的方式主要有如下两种。

1.传话训练

传话来源于生活，因为在日常生活中，常常有人需要第三者帮他向某人传话，而传话训练就是对这种情况的模仿，因此，传话训练可以说是转述观点。

传话训练的模式一般为：先由甲对乙说一段话，一般情况下，这段话内容不长，为3～5句话，每一句话表达一个完整的意思，并且这几句话的内容不一定相关联；接着，乙把这段话转述给丙，丙转述给丁，丁转述给戊，戊再转述给甲，由甲来检查传话中是否存在错漏；然后，甲、乙、丙、丁、戊互换角色，不断训练，以不断纠正错误，不断提高自己的转述能力。

传话训练的要领为：听得准、记得牢、说得明。

2.传闻叙述

传闻本身往往带有故事性的色彩，因此，传闻叙述也可以说是转述故事。

传闻叙述的模式可以细分为如下三种：

第一，按照传话训练的方法进行，即先由甲给乙讲一个传闻或故事，当然，篇幅要长短适宜，不能太长，也不能仅仅是几句话；接着，乙再把这个传闻或故事转述给丙，丙转述给丁，丁转述给戊；最后戊再把这个传闻或故事转述给甲，由甲来检查转述中是否存在错漏。

第二，由老师把一个传闻或故事讲给大家听，然后同学们按照先后顺序逐个单独把它讲述出来。

第三，选听一个自己喜欢的名家的优秀作品片段，例如一个故事等（诗歌不适合），之后，自己凭着记忆再转述给别人听。

传闻叙述的要领为：认真倾听，记住重点，从容表达。

三、全脑记忆GLPS法则能让你牢牢记住需要转述的内容

转述是讲曾经听过的东西。尽管在转述的时候，我们不需要再对材料进行口语化处理，也无须对其进行次序调换。但是，想要通过一次倾听就能够记住其主要内容，这个难度可不小。

那怎么办呢？为了解决这个问题，我们还须从记忆过程（见图5–1）开始说起。

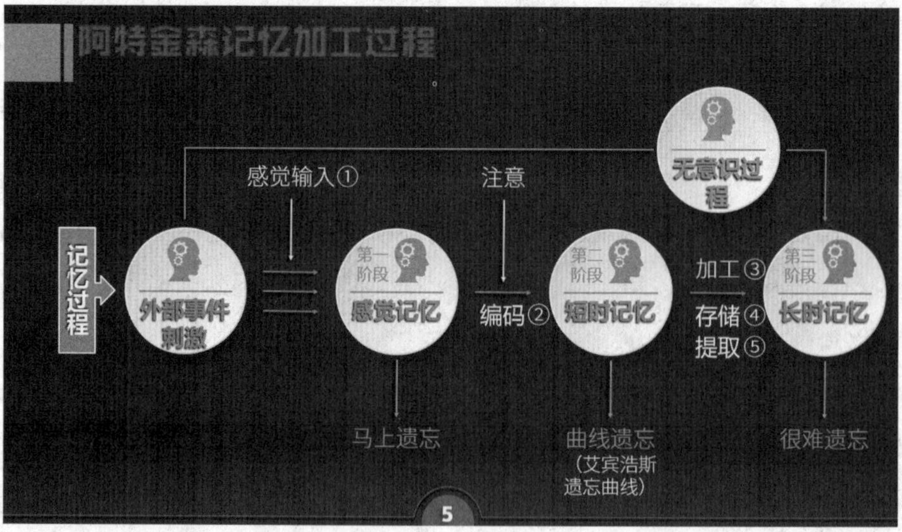

图 5–1

1.记忆过程

一般来讲，信息进入人脑主要有两种方式：一种是无意识过程，也就是你没有特意去记住某个东西，但是它还是被你记住了。比如，某天你看到了一场非常惨烈的交通事故，由于现场太吓人，因此你一辈子都忘不了。另一种是记忆过程，也就是你为了某种目的而必须记住某个信息。比如，期末考试马上到了，你不得不记住

那些知识点。

由于无意识过程对转述没有任何实际意义，因此，接下来讲解记忆过程。

记忆过程，它大致分为三个阶段，依次为感觉记忆、短时记忆、长时记忆。

感觉记忆，也叫瞬时记忆，它是记忆的第一阶段，指的是外部信息通过感觉器官（眼睛、耳朵等）以影像的方式进入人脑之后，所停留的时间非常短，大约只有2秒钟。此时，如果人脑没有及时对这些影像式的信息做进一步的加工和处理，而当外界的刺激消失之后，它将被彻底忘掉。比如，你用手机号码申请某网站的会员号，验证码发过来之后，你一看，6个数字为617583，当即就记住了。可是，当注册成功过了10多分钟之后，你却忘记了这6个数字，怎么想也想不起来了。

短时记忆，这是记忆的第二阶段，即有意识地去记住某个信息，在对某个信息做了编码处理之后，该信息被暂时保留在大脑皮层里，但过了一段时间，该信息可能还会被慢慢地忘掉。

值得注意的是，在此过程中，之所以信息能够被暂时保存下来，是因为对信息做了编码处理。而编码处理方式主要有两种：一为感觉编码，比如，把信息转化为图像，以便更好地记住该信息。二为语义编码，比如，为了突破记忆的上限，对信息进行分类，以便我们记得更多；或者对信息进行分析，找出内在规律，以便我们记得更牢固。

列举一个典型的例子。比如，上面的那个案例，当你注册某网站会员成功之后，该网站希望你能记住注册会员时的这一组验证码，因为凭验证码有抽奖的机会。一听有抽奖机会，你可能马上就有兴趣了，想方设法去记住它。首先，你需要对这6个数字进行分析，看看它们之间有没有什么规律，或者你跟它们之间有没有何种联系。经过一番思考之后，你发现：这组号码由3对数字组成，前面的两个数字6、1，让你马上联想到六一儿童节；中间的两个数字7、5，刚好是你的出生年份的后两个数字；后面的两个数字8、3，刚好是你一个朋友的出生年份的后两个数字。接着，你对这一串数字进行反复的诵读，终于，你牢牢记住这组号码了。

不过，如果没有再通过深加工的方式来处理这个信息，随着时间的推移，你还是会慢慢地把它忘记，并且这个遗忘的过程，刚好是一条曲线，也就是我们平时所说的艾宾浩斯遗忘曲线（见图5–2）。

长时记忆，又称永久记忆，它是记忆的第三阶段，指的是信息经过深度加工之

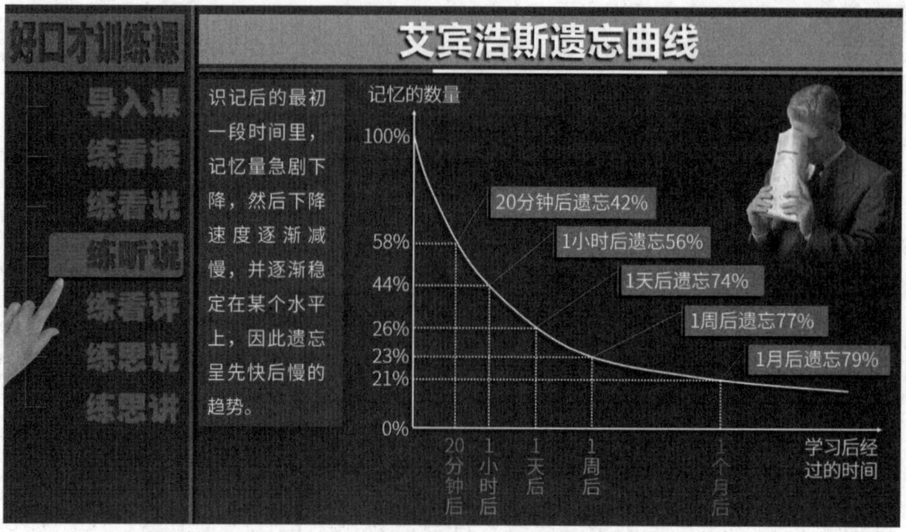

图 5-2

后，在人脑中得到大容量的长久性的保存。

有些信息为什么能够被人脑永久地保存呢？关键点有两个：

第一，在编码的基础上，人脑继续对信息进行深度加工。而加工的方式主要有两种：一为情景式记忆，即人脑反复研究某个信息之后，最终把信息处理成历历在目的画面或者场景，于是，该信息被永久地保存了下来。二为语义式记忆，即反复研究某个信息，该信息最终被处理成有层级、有类别、有次序、有因果等四种关系的有机体，于是，凭着逻辑关系，人脑也能够永久地记住该信息。

第二，信息被深度加工之后，不同类型的信息被储存在大脑皮层的各个部位。也正是因为各类信息各就各位了，于是，当我们对曾经记忆的信息进行提取的时候，我们并没有受到干扰，回忆很顺畅，这间接说明了记得很牢固。

信息主要有哪些类型呢？信息又被储存在大脑的哪个部位呢？接下来继续探讨这两个问题。

一般来讲，信息可分为两大类：一类为陈述性信息，即关于“是什么”的信息，是对事实、定义、规则和原理等的描述。比如，时间的五大特性为不可改变性、不可储存性、不可替代性、不可复得性、充分利用性。另一类为程序性信息，即关于“怎么做”的信息，也是怎样进行推理、决策或者解决某类问题等程序的叙述。比如，PDCA循环就是将质量管理分为四个阶段，依次为计划（Plan）阶段、执行（Do）阶段、检查（Check）阶段、处理（Act）阶段。

上面所介绍的这两大类信息被人脑深度加工之后，是储存在大脑的不同部位的。陈述性信息，被储存在颞叶和间脑里面；而程序性信息，则储存在纹状体、杏仁核、小脑、新皮质里面（见图5–3，图5–4）。

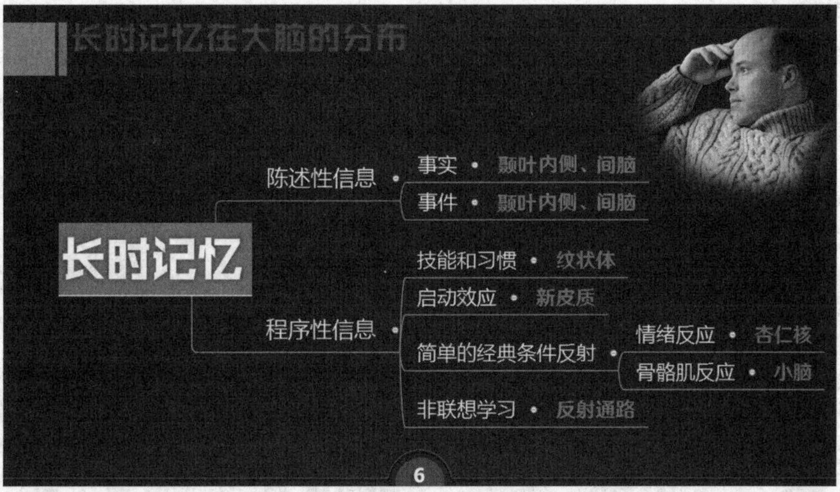

图 5–3

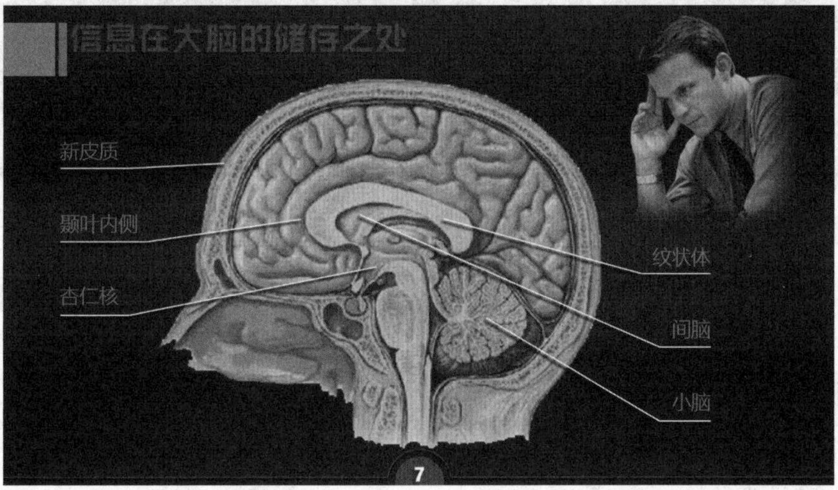

图 5–4

2.记忆方式

根据心理学家的研究成果，人类的记忆方式一共有两种：机械记忆和理解记忆。

机械记忆，是指在对材料不甚理解或者缺乏了解的情况下，只依据其表面特征而采用简单重复的方式去记忆。说白了，机械记忆就是通过不断地重复，让大脑跟信息建立起条件反射，从而记住信息。

理解记忆，是指在对事物充分理解的基础上，依据事物的内在联系，并借助自己已有的知识经验去记忆。

这两种记忆方式，我们都可以采用。但在不同的年龄阶段，机械记忆能力和理解记忆能力是不一样的（见图5–5）。

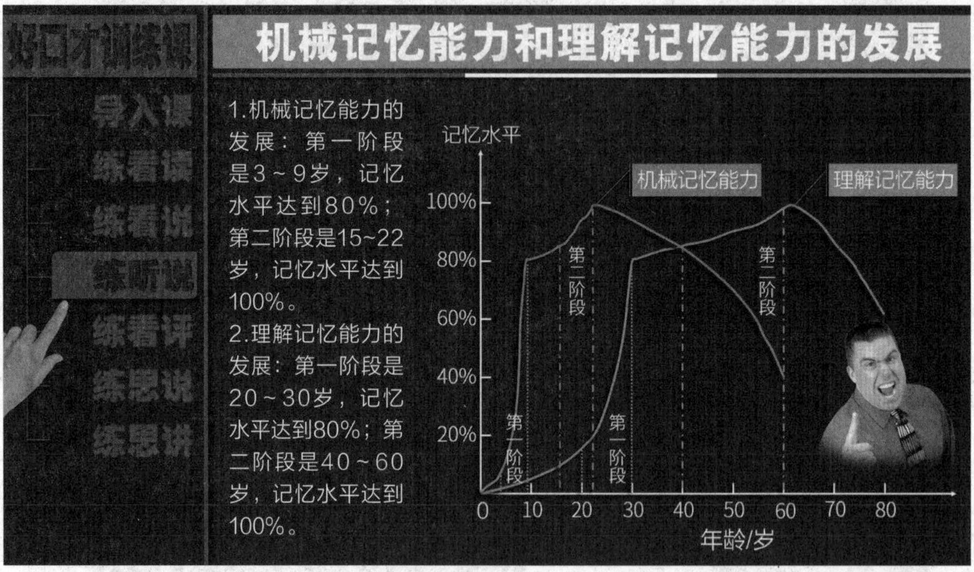

图 5–5

机械记忆能力的发展：第一阶段是3～9岁，记忆水平达到80%；第二阶段是15～22岁，记忆水平可达到100%；22岁以后，记忆水平逐渐下降；到了60岁时，记忆水平已经下降到了40%。

理解记忆能力的发展：第一阶段是20～30岁，记忆水平达到80%；第二阶段是40～60岁，记忆水平可达到100%；60岁以后，记忆水平逐渐下降；到了80岁时，记忆水平已经下降到了60%；再以后，继续下降。

总结：尽管说，自从22岁以后，机械记忆能力开始下降，但是，此时的理解记忆能力却开始提高，所以，我们的综合记忆能力，并没有多大的变化。直到60岁以后，综合记忆能力才开始下降；80岁以后，才大幅度下降。

3.记忆法则

一般来讲，陈述性信息比较枯燥，只能靠机械记忆；程序性信息，由于它有步骤，能够可视化，因此，我们通过理解记忆，就能够记住它。

但是，在工作中，我们需要记忆的陈述性信息实在是太多了，而我们成年之后，机械记忆能力却是逐渐下降的，那我们该怎么办呢？

所以，我们必须研究记忆方法，也就是研究如何把陈述性信息转换为程序性信息的记忆方法。

笔者学习演讲与口才30多年，曾经背诵过上百首唐诗宋词、上千句名言格言，积累了丰富的个人经验和心得体会。现在，笔者将这些经验总结为“全脑记忆GLPS法则”并分享如下。

全脑记忆GLPS法则（见图5-6）的内容为：文字概括化（Generalization），概括层次化（Layering），层次程序化（Procedural），程序情境化（Situational）。

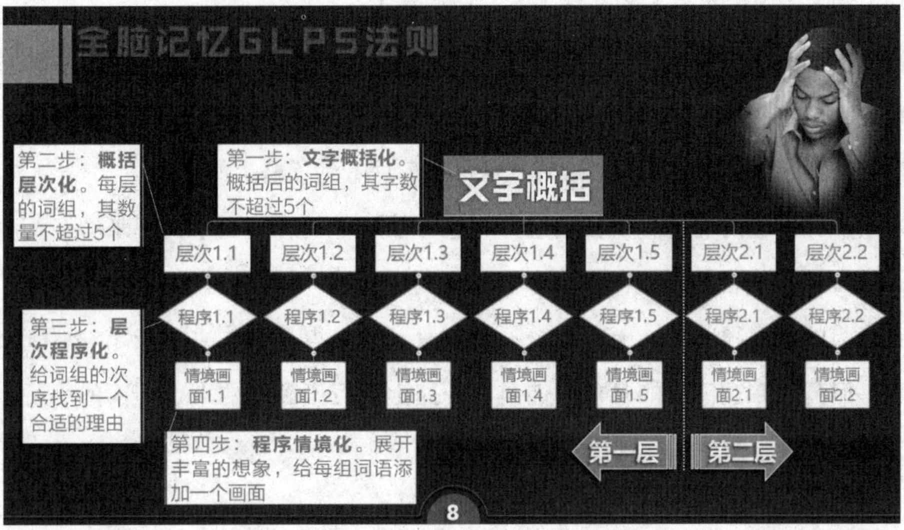

图 5-6

文字概括化：文章由段落（或者句子）组成，对每一段文字进行概括，同时要求概括之后的词组，其字数不能太多，最好是3～5个，因为人脑记忆容量的最佳数字是7±2。

概括层次化：给这些概括之后的词组（或者短句）进行归类，并进行分层。为什么要分层呢？还是刚才那个理由：词组的数量一旦超过9个，就超过人脑记忆容量的上限。所以，只好给这些词组进行分层，并保证每层词组的数量不超过5个。这么一来，每扩展一层就相当于组块一次，这么做，记忆的容量就自然而然地增加了。

层次程序化：概括之后并分好层的词组是有先后顺序的，接下来，根据排序的方法，比如从时序上、空间上、程度上等，给词组的次序找到一个合适的理由。也就是说，它们之间的次序为什么是这样的。

程序情境化：为了能将词组记得更牢固，要展开丰富的想象，给每一组词语添加一个画面，并要求将这些画面连接起来，形成一部情景剧。

比如，要记住一句唐诗"鸡声茅店月，人迹板桥霜"。其实，想记住这句唐诗，非常容易，只需要几分钟就可以熟练背下来了。但是，想要终身记住它，可能就不那么容易了。所以，我们还需按照全脑记忆GLPS法则去记忆。

第一步，文字概括化。"鸡声茅店月，人迹板桥霜"这句唐诗可以概括为"鸡店月，人桥霜"。

第二步，概括层次化。这句唐诗可以分为两个层次。一个层次是大的环境（鸡、店、月），另一个层次是人的活动（人、桥、霜）。

第三步，层次程序化。第一个层次里面三组词语的次序是从低往高，也就是从地上到天上。即先从地上的鸡到地上的店，再到天上的月。第二个层次里面三组词语的次序是从远到近，首先出现人，接着发现桥，最后看到了桥上的霜。

第四步，程序情境化。积极地展开联想，让这个动态画面丰富起来：在荒凉的驿站里，只有几家茅店供人住宿，旅客们往往还没睡够，就被乡村的鸡鸣声吵醒了。门外，破晓前的景色很苍凉，天上挂着一弯斜月，惨白得几乎失去了光泽。尽管天渐渐地亮了，但行人在这清冷的月色中前行，一路上没有碰到别的人，前面的小桥上，铺满了白霜，人走过去，留下孤独的脚印……

四、能快速提高转述能力的极佳训练方法

我们在演讲或者做报告的时候，不仅需要提及曾经看过的资料，比如书本中的数据；有时还需要转述曾经听过的名言，比如某位名人在公众场合所发表的言论。所以，转述能力也是演讲者必须具备的。既然转述能力这么重要，那怎样训练才能提高

自己的转述能力呢？现将训练方法的步骤整理如下。

第一步，选对素材。找来一段语言素材，最好是小故事或者笑话。这一点很重要，对于初次进行训练的人来说，首先素材要找对，千万别找什么名家的演讲、名家的朗诵等，因为这样的语言素材不好记；其次素材的篇幅要长短适宜，千万别找太长的故事，因为长了就不易记住。

第二步，认真倾听。这里的认真倾听，不但要求从头到尾一字不漏地聆听，还要设身处地地聆听。因为不这么做的话，就可能记不牢。

第三步，慢慢回忆。借助全脑记忆GLPS法则，记住关键点、展开联想，先在脑海中回忆一遍刚才所听到的故事，以便自己在向别人转述这个故事时，表达得更准确、更有表现力。

第四步，开始转述。做足了功课之后，就需要找一个合适的舞台了。当然，你可以把听到的故事转述给家人、朋友听，也可以转述给同事、同学听。如果条件允许的话，自己录音，以便跟语音素材做对比，知道自己转述的准确度。

五、能快速提高转述能力的极佳训练材料

介绍了转述口才训练法后，笔者再给大家提供一些训练材料，以便供朋友们在进行转述训练时使用。这些材料包括必须转述的3个经典笑话，必须转述的3个哲理性极强的寓言故事，必须转述的3个让人回味无穷的单口相声。这些材料都是经过精心挑选的，都是训练口才的极佳资料，希望朋友们认真完成这次学习任务。

1.必须转述的3个经典笑话

给我来一瓶白兰地

佚名

飞机起飞后，牧师问空姐："小姐，现在飞机的高度是多少？"

空姐回答："3000米。"

牧师说："好，给我来一杯白兰地！"

过了一会儿，牧师又问："现在的高度是多少？"

空姐回答："5000米。"

"好，再给我来一杯白兰地。"

没多久，牧师又问："现在的高度呢？"

空姐回答："10000米。"

牧师说："好，就给我来一杯白开水吧！"

空姐接着说："没事！我还可以再给您来一杯白兰地。"

"嘘！小声点儿，上帝会听见的。"牧师压着嗓子说。

又过了一会儿，牧师突然问道："这飞机，是什么型号啊？"

空姐回答："波音737 MAX8！"

牧师急忙说："赶紧给我来一瓶白兰地！"

空姐不解地问："先生，您不怕上帝知道吗？"

牧师说："老子都要去见他了，还怕他知道！！！"

挤牛奶

佚名

一位在哈佛大学读MBA（工商管理硕士）的高才生毕业了。回到他父亲的牛奶厂之后，他说："老爸，我要当厂长，因为我是学习管理专业的，专业非常对口。"

"儿子啊！我们厂里所有的高管都是从基层一步一步升上来的，你愿意从挤奶工开始做起吗？不然，你还是到其他公司上班吧。"

"好的！我愿意。"愣了一下之后，儿子马上就点头同意了。

"杨阿姨，拿一个牛奶桶和一个凳子过来，培训一下这名新员工。"父亲朝工作间喊道。

"开什么国际玩笑？我堂堂一名哈佛大学毕业的高才生，这么简单的事情，还需要培训吗？不要侮辱我的智商，好不好？"儿子嚷嚷了起来。

"那好吧！杨阿姨，你把牛奶桶和凳子交给他。"

下班后，儿子回到家，满身都是牛奶，凳子也断了一条腿。

父亲很惊讶地问："儿子啊！这到底是怎么回事啊？你不是说，挤牛奶很简单，不需要培训吗？"

“老爸，挤牛奶其实是很简单的，就是要求奶牛坐在这个凳子上，实在是太难了！”

阿房宫不是我烧的

佚名

课堂上，李老师向小明提问：“小明，阿房宫是谁烧的？”

小明紧张地回答：“老师，不是，不是我烧的。”

下午放学后，李老师到小明家去做家访。李老师跟小明的妈妈说：“我今天问小明‘阿房宫是谁烧的’，小明说不是他烧的。”

小明的妈妈一听，连忙解释：“李老师，我们家小明，尽管读书成绩不怎么好，但是人还是蛮老实的，如果他说不是他烧的，肯定就不是他烧的。这个，我完全可以用人格来保证。”

一看话不投机，李老师就出来了。刚到门口，就碰到刚到家的小明的爸爸。

小明的爸爸是一名包工头。一看到李老师，马上就明白什么意思了。他大声嚷了起来：“小明，你这个兔崽子，肯定在学校干了不少坏事，你看，老师都上门来了。”

小明的妈妈赶紧说：“没干坏事！老师问小明‘阿房宫是谁烧的’，小明说不是他烧的。”

小明的爸爸一听就大骂了起来：“是你烧的，你就承认。怕什么？大不了，爸爸赔两座。”

2.必须转述的3个哲理性极强的寓言故事

小山羊和狼

选自《伊索寓言》

小山羊没能赶上羊群，狼却追过来了。

小山羊转过身来说：“狼，我肯定成为你的食物了，但总得让我死得风光一些吧。你吹笛，我来跳舞，怎么样？”

狼便吹起了笛，小山羊也跟着婆娑起舞。

突然，有几只猎狗闻声赶来，去追捕那只狼。狼逃跑时转身对小山羊说：“我活该倒霉，自己本来是杀猪宰羊的，却偏要去吹什么笛！”

鹿和狮子

选自《伊索寓言》

鹿口渴了，来到泉边喝水。

喝完水，它看见了自己在水中的倒影，发现自己的角既长又美，不禁洋洋得意起来，但看到自己的腿是那么的小巧纤细，又不免有点气馁。

正当鹿陷入沉思之际，突然，一只狮子跳了出来，鹿撒腿就跑，把狮子远远地甩在后面。但跑着跑着，竟然跑进了丛林地带，鹿的角被树枝绊住了，最终，停下来的鹿还是被狮子逮住了。

鹿临死前喃喃自语：“我太不幸了！我原先瞧不起的腿，救了我；我引以为荣的角，却断送了我的性命。”

旅人和斧子

选自《伊索寓言》

两个人一起赶路，其中一个人捡到了一把斧子，另一个人说：“我们捡到了一把斧子。”

“不是我们捡到了，是我捡到了。”捡到斧子的人纠正了他的同伴。

没隔多久，丢斧子的人尾随而来，眼看快被他追上了，捡到斧子的人说：“我们完了。”

“别说‘我们完了’。”同伴回答道，“应该说‘我完了’，因为自从你捡到斧子后，并没有让我分享你的意外之财。”

3.必须转述的3个让人回味无穷的单口相声

家传秘方儿（节选）

马三立

未曾学艺先学礼。为什么演员上台表演之前，先要鞠个躬、敬个礼呢？这不是得罪谁了赔不是，应当得这样，就是表示对观众的尊重、感谢！你们在百忙之中抽出时间来看我们演出，我们对你们表示感谢！做买卖也是这样啊！为什么要“欢迎顾客”“顾客您好”呢，就是礼貌，对待顾客要笑脸相迎、笑脸相送，都是要有礼貌。

不管多么有礼貌，得注意一点，做买卖，要货真价实。不蒙人、不骗人、不卖假货、不找便宜，这样才能让顾客信得过。买东西也是一样，不能贪便宜，得找国营的买卖，像那个个体户……个体户咱得把它分清楚了：个体户有照、按时缴税、有固定地方的，这个不骗人，他家大小指这吃饭呢！今儿骗人了，明儿还卖不卖了？他不敢骗人。就怕这种无照的，这可得留神，他没准地方，今儿在河东区，明儿跑河西去了，后儿个又跑红桥卖去了。他的东西没好的，别看便宜。卖香油，一块钱一斤，多便宜！打开盖儿一闻，喷儿香，你买吧，买就上当。

宇宙牌香烟（节选）

马季

马季（上台，唐山口音）：哎！同志，你们这个负责人在哪儿呢？

姜昆：您怎么这味儿？我们这儿是春节联欢晚会！

马季：不是，我跟他洽谈点儿业务。

姜昆：人家演出呐！

马季：不是，你不知道。我跟大伙说得了，我跟大伙说。

同志们哪，我们是这个宇宙卷烟厂的。我们想为你们这个联欢会提供点儿赞助产品。说是这个，宇宙牌儿的香烟。您哪位抽哇？（向外递烟）哪位抽烟啊？抽吗？哪位抽啊？您品尝品尝。哪位抽啊？哪位抽烟？

我们这个宇宙牌香烟哪，不管从哪方面来说，已经跨入全国先进行列了。用句话来形容吧，那就是厂小志气大，山窝里飞出了金凤凰。说我们这个产品为啥受到广大用户的欢迎呢？主要是我们这个产品价廉物美啊。这可不是老王卖瓜，自卖自夸呀，就我们这个产品，现在已经行销全国好多个大城市。我们还准备冲出亚洲，打入国际市场咧！我们这个宇宙牌香烟准备卖给美国、日本、英国、苏联；印度、瑞典、丹麦、缅甸……地图上有的我们全卖。人家买不买就是另外的问题儿咧。

幸福童年（节选）

方清平

想不到还真有人鼓掌，这就算开张大吉了。其实我心里明白，您这掌声是欢送主持人下场，我没名儿啊！不过刚才在这个剧场门口有一孩子认出我来了："你是演员吧？演阿凡达的吧？"认错人了！您看那些笑星上场，台底下掌声、笑声不断，到我这儿呢？这里的黎明静悄悄。您不用安慰我，真的，我低调惯了。

我说的不是相声，是寂寞。因为我从小就不是说相声的材料，我从小有点儿傻。现在的孩子童年多幸福啊，三对儿夫妻一个孩儿，中国话还不会说呢，就给报英语班了。我小时候，家里哥儿五个，就我爸爸一个人挣钱，五个孩子就四条裤子，我老得在家留守。现在的孩子什么玩具没有啊？全带电的。电脑、电玩、电棍。哦，这不让玩儿啊。我小时候，家里就一电门，我爸爸还不让摸。现在的孩子有MP8了都，我小时候半个MP也没有。我姥姥有一根拐棍，她死了，我玩了半年，我拄着它装佘老太君。

第六课

模仿法，既能提高表演能力，又能提高口头表达能力

在一次主题为“如何学好当众演讲”的公开课结束之后，有一位听众抱着我已经出版的四本书走上讲台，请我在书的扉页上签名。之后，他跟我说：“陈老师，你出版的所有演讲书，我都买了，也都看完了，但我发现自己的演讲水平好像没有提高多少，根本达不到当初的期望值。现在，我特别想知道：在学习演讲的过程中，哪一种学习方法是最有效的？并且效果是立竿见影的！”

“光看不行啊！你必须按照书中介绍的方法去训练啊！书的前言上不是写得很清楚吗？‘光听不练，没有改变；光看不说，变化不多；一次体验，效果可见；经常上台，张口就来。’”我接着说，“至于学习演讲的最有效方法，个人认为是模仿法，也就是老师先做示范，然后让学员去模仿。如果老师认为还不行，学员还要继续模仿，直到老师首肯为止。不过，这种方法虽然有效，但也需要花费很多时间。”

听我这么一解释，该听众叹了一口气说：“唉！还是老老实实地按照你书中所介绍的方法去训练吧，看来学习任何技能都没有终南捷径啊。”

一、什么是模仿

模仿，即照某种现成的样子学着做。

其实，模仿的过程也是学习的过程。例如，我们小时候学说话就是模仿爸爸、妈妈或者周围其他人的腔调。所以，我们现在练口才也可以借用这种方法，向口才好的人学习，模仿他们的说话风格。值得再三强调的是，这是一种效果相当显著的口才训

练方法。如果能长期坚持下去，我们的口头表达能力肯定会得到大幅度提高。

二、这三种模仿方式你必须掌握

模仿训练可以是模仿人，也可以是模仿节目，常用的模仿方式有如下三种。

1.专人模仿

专人模仿即模仿别人，模仿对象有三种：朋友、大咖和老师。

模仿朋友，就是在日常生活中找到一位口头表达能力特别强的朋友，请他就某个话题做一个5分钟左右的演讲，至于话题呢，可由你提供，也可以由朋友选择。然后，用手机或者其他摄影设备，将朋友的演讲拍摄下来，供自己观看和模仿。

这种方式的效果还是比较显著的。因为模仿的对象是自己熟悉的朋友，就会觉得他能够做到，那我为什么就不能做到？于是，你会拼命地去学习、模仿，直到自己完全学会为止。

不过，这种方式也有不好的地方。那就是可能你个人认为朋友的口才是非常棒的，但实际上，你的朋友的口才也是一般而已。如果是这样，那么你模仿他，对自己演讲水平的提高就没有多大的帮助了。

模仿大咖，就是通过电视或者网络等途径看到某个优秀演说家的视频之后，觉得他的演讲风格就是自己特别想学习和模仿的那一种。于是，就将他的演讲视频下载下来，供自己反复观看和模仿。

这种方式的效果也是很不错的，毕竟模仿对象是优秀的演说家，这对自己演讲水平的提高肯定有非常大的帮助。

不过，这种方式也有不足之处。那就是缺乏现场指导，如果自己的悟性不够高，整个学习过程就会非常漫长，甚至演讲水平的提高幅度也不是很明显。比如，笔者的一位朋友就非常崇拜阿里巴巴的创始人马云先生，很欣赏他的口才，于是，把他的多个演讲视频下载到手机里，每天早上到荔枝公园去散步，一边播放着他的演讲视频，一边模仿。这样的学习方式坚持了一段时间之后，公园里面有位打扫卫生的大爷都看不下去了。大爷说："小伙子，你就别练了。我都看你练了一年多了，好像一点改变都没有。”

模仿老师，即报名参加了某演讲技能提升训练班，根据教学进度和课程安排，老师做完示范之后，学员接着进行模仿训练。

完全可以这么说，在上面所列举的三种方式中，模仿老师的训练效果是最显著的。第一，课程内容的安排比较合理，不但全面系统，涵盖了各个模块，而且循序渐进，先易后难。第二，教学方法也非常科学，老师先讲解相关理论和训练要求，接着老师做示范，最后才让学员去模仿。如果哪个学员模仿得不到位，就需继续练习，直到老师认可为止。

不过，这种方式也有不足的地方。首先，这种训练方式费用较高，还受时间和空间的限制。其次，训练效果也跟老师的实际水平有关。也就是说，如果老师的水平不太高，无论如何进行模仿训练，学员的演讲水平也高不到哪里去！

2.专题模仿

专题模仿即模仿节目，它可以分为两种方式：轮流模仿和分工模仿。

轮流模仿，就是几位好朋友聚在一起，先听一个名家所讲的小故事或者笑话，当然，所选取的语言素材必须是新奇有趣、大家都爱听爱学的；然后大家轮流模仿，看谁模仿得最像；同时，在模仿的过程中，为了刺激学习积极性，可以采用打分的方式，大家一起评分，表扬模仿最成功的那一位。

这种训练方法对提高表达能力还是有很大帮助的，毕竟在演讲中，我们也需要讲故事或者笑话！另外，几个人一起模仿，这不但提高了学习的兴趣，而且在观看其他朋友表演的同时，等于自己也多学习了好几遍。特别是最后的评选环节，更是能引起模仿者对此次训练的重视，无形中起到相互促进、共同进步的作用。

分工模仿，就是几位好朋友在一起，先听一段小品或者小故事，当然，所选取的语言素材必须是短小精悍、幽默风趣的；然后大家开始分工合作，每人模仿一个角色，值得注意的是，现场的人数最好跟语言素材中的角色一样多；接着，把几位好朋友一起排练好的节目录制下来，跟原节目对比，看谁模仿得最像；最后，就大家的评分结果，对模仿优秀者给予表扬。

虽然说，相比起轮流模仿，分工模仿的难度可能会小一些，毕竟每个人只是模仿了一个作品的一小段中的一个角色，但是这种训练方法不仅锻炼了模仿者的表演能力，同时也培养了模仿者的团队合作精神。所以，这种方式也不失为一种提高表达能力的好方法。

3.专项模仿

专项模仿即模仿某人或者某个节目里面的某一点。也就是说，模仿者不再是对模仿对象的表演进行整体的模仿，只是模仿其某一方面。比如，只模仿其语音语调，或者只模仿其肢体语言，或者只模仿其表情眼神，等等。

为什么只模仿其某一方面呢？因为想提高自己的口才，不仅要向演讲界的顶尖高手学习，还要向其他语言表演艺术界的大师学习。比如，模仿播音员播音，自己的普通话将会更加标准和规范；模仿话剧演员说话，自己的语调将会更加抑扬顿挫。另外，尽管都是从事语言表演艺术，但每一种职业都有它的过人之处。比如相声演员，他说话就非常利索，表达的节奏感也非常强；再如评书演员，他说话就非常有吸引力，而且表情也非常丰富。如果我们能把他们的这些优点都模仿到位并借鉴过来，那自己的演讲能力将会发生质的改变，甚至能达到大师级的水平。

既然专项模仿如此有用，那我们应该向哪些艺术家学习呢？模仿他们什么呢？根据个人的实践经验和学习心得，笔者建议如下：

语音语调方面，比如，如何讲好普通话？如何让自己的语调更加抑扬顿挫？如何让自己的表达更有激情和震撼力？等等。要向播音员、朗诵家、演讲家、配音演员、相声演员、话剧演员学习。

肢体语言方面，比如，如何让自己的手势更加潇洒？如何让自己的动作更加干净利落？等等。要向哑剧演员、舞蹈演员、魔术表演者学习。

表情眼神方面，比如，如何让自己的表情更加丰富？如何让自己的眼神更加传神？等等。要向话剧演员、相声演员学习。

舞台风格方面，比如，如何站立更加挺拔？如何登台亮相更加引人注目？等等。要向舞蹈演员、专业模特学习。

穿着打扮方面，比如，套裙跟打底衫该怎样搭配？西装跟衬衣、领带该如何组合？等等。要向礼仪专家学习。

思维思路方面，比如，即兴演讲的常用思路有哪些？竞聘演讲稿的一般撰写思路是怎样的？等等。要向演讲家、作家学习。

三、模仿训练的三个注意事项

不可否认，模仿法是一种简单易学、娱乐性强、见效快的口才训练方法。但是，在进行模仿训练时，还要注意如下几点。

1.要先选择适合自己语言风格的对象进行模仿

也就是说，刚开始进行模仿训练时，不能选择表演风格跟自己差别较大的名家作为模仿对象。如果那样的话，就会导致模仿的难度较大，从而使自己的训练无法进行下去。

2.要选择那些对自己身心有好处的语言素材进行模仿

也就是要选一些歌颂真善美的、使人积极向上的、让人对生活和未来充满信心的有声语言素材，而不是选一些低俗的、庸俗的、媚俗的影像素材。在这里，笔者想再三强调一下：如果选错了模仿对象，那训练效果就会适得其反。例如，有些演讲初学者，看到了一些文艺从业者所讲的内涵段子等之后，觉得非常有趣，就刻意去模仿他们。结果呢，这种训练方式不但对自己演讲水平的提高没有一丝一毫的帮助，甚至有时候一不小心而随口将内涵段子给讲了出来，对自己的职业形象还会起到破坏的作用。

3.要先求模仿得像，再求有所创新

这一点非常重要。因为模仿就是一种修行，如果模仿得不像，那就说明：要么是没有用心去模仿，要么是训练的次数还不够多。另外，模仿也是创新的基础，模仿这一步工作还没做好，就意味着自己的基本功还不扎实，根本没有资格去谈创新。如果

还硬着头皮去创新，那结果可能就是盲人吃橘子——瞎掰。

四、能快速提高模仿能力的极佳训练方法

据说，很多著名的演说家刚开始进行演讲训练时都模仿过别人的演讲风格。比如，林肯就曾经模仿过律师的辩护和传道士的布道。所以，模仿是演讲者必须具备的一项技能。

既然模仿技能如此重要，那我们应该怎样训练才能提高自己的模仿能力呢？笔者现在将这种训练方法的步骤整理如下。

第一步，素材选取。大家请注意，刚开始进行模仿训练的时候，最好先选一个小故事或者一则笑话；训练一段时间后，再考虑选取名家的篇幅短小的演讲。

第二步，反复观看。这一步非常重要，请记住：如果观看的次数达不到一定的数量，那你就可能记不住整个语言素材的内容；如果连语言素材的内容都记得不是很清楚，那模仿的效果就会大打折扣。

第三步，慢慢揣摩。为什么要慢慢揣摩呢？因为模仿，不但要求“形”似，还要求“神”似。所以，只有认真揣摩和深刻体会之后，模仿才能达到“形”“神”兼备、以假乱真的境界。

第四步，开始模仿。当前面的几步工作都做好之后，接下来就要面对听众进行表演了。当然，你可以把模仿的语言素材讲给家人或者朋友听，也可以讲给同事或者同学听。如果条件允许的话，最好给自己录像，目的是跟影像素材做对比，以便知道自己有哪些地方还模仿得不到位。

五、能快速提高模仿能力的极佳训练材料

介绍了模仿口才训练法后，笔者再给大家提供一些训练材料，以便供朋友们在进行模仿训练时使用。这些材料包括必须模仿的5种风格的诗歌朗诵，必须模仿的5种风格的散文朗诵。这些材料都是笔者精心挑选的，都是训练口才的极佳资料，希望朋友们认真完成这次学习任务。

1.必须模仿的5种风格的诗歌朗诵

在这里，我选取了5篇能很好地表达情感的诗歌，同时，也给这些作品找到了相应的5位朗诵大家，可谓名家朗诵名篇了。希望大家认真揣摩，认真学习他们的语音语调。

（注：名家朗诵的相关视频，在网络上都可以找得到，这里就不提供了。）

梦游天姥吟留别（节选）

［唐］李白

海客谈瀛洲，烟涛微茫信难求；
越人语天姥，云霞明灭或可睹。
天姥连天向天横，势拔五岳掩赤城。
天台四万八千丈，对此欲倒东南倾。
我欲因之梦吴越，一夜飞度镜湖月。
湖月照我影，送我至剡溪。
谢公宿处今尚在，渌水荡漾清猿啼。
脚著谢公屐，身登青云梯。
半壁见海日，空中闻天鸡。
千岩万转路不定，迷花倚石忽已暝。
熊咆龙吟殷岩泉，栗深林兮惊层巅。
云青青兮欲雨，水澹澹兮生烟。

（朗诵者：方明）

水龙吟·登建康赏心亭

［宋］辛弃疾

楚天千里清秋，水随天去秋无际。遥岑远目，献愁供恨，玉簪螺髻。落日楼头，断鸿声里，江南游子。把吴钩看了，栏杆拍遍，无人会，登临意。

休说鲈鱼堪脍，尽西风，季鹰归未？求田问舍，怕应羞见，刘郎才气。可惜流年，忧愁风雨，树犹如此！倩何人唤取，红巾翠袖，揾英雄泪？

（朗读者：曹可凡）

钗头凤·红酥手

［宋］陆游

红酥手，黄縢酒，满城春色宫墙柳。东风恶，欢情薄。一怀愁绪，几年离索。错、错、错！

春如旧，人空瘦，泪痕红浥鲛绡透。桃花落，闲池阁。山盟虽在，锦书难托。莫、莫、莫！

（朗读者：赵兵）

祖国啊，我亲爱的祖国（节选）

舒婷

我是你河边上破旧的老水车，
数百年来纺着疲惫的歌；
我是你额上熏黑的矿灯，
照你在历史的隧洞里蜗行摸索；
我是干瘪的稻穗，是失修的路基；
是淤滩上的驳船把纤绳深深勒进你的肩膊，
——祖国啊！

我是贫困，
我是悲哀。

我是你祖祖辈辈痛苦的希望啊，
是“飞天”袖间千百年未落到地面的花朵，
——祖国啊！
（朗读者：林如）

信仰

席慕蓉

我相信 爱的本质一如
生命的单纯与温柔
我相信 所有的
光与影的反射和相投

我相信 满树的花朵
只源于冰雪中的一粒种子
我相信 三百篇诗
反复述说着的 也就只是
年少时没能说出的
那一个字

我相信 上苍一切的安排
我也相信 如果你愿与我
一起去追溯
在那遥远而谦卑的源头之上
我们终于会互相明白
（朗读者：乔榛、丁建华）

2.必须模仿的5种风格的散文朗诵

在这里，我选取了5篇能比较好地抒发情感的散文，同时，也给这些作品找到了相应的5位朗读大家，可谓名家朗读名篇了。希望大家认真揣摩，认真学习他们的语音语调。

（注：名家朗诵的相关视频，在网络上都可以找得到，在这里就不提供了。）

匆匆（节选）

朱自清

燕子去了，有再来的时候；杨柳枯了，有再青的时候；桃花谢了，有再开的时候。但是，聪明的，你告诉我，我们的日子为什么一去不复返呢？——是有人偷了他们罢：那是谁？又藏在何处呢？是他们自己逃走了罢：现在又到了哪里呢？

我不知道他们给了我多少日子，但我的手确乎是渐渐空虚了。在默默里算着，八千多日子已经从我手中溜去，像针尖上一滴水滴在大海里，我的日子滴在时间的流里，没有声音，也没有影子。我不禁头涔涔而泪潸潸了。

（朗读者：孙道临）

济南的冬天（节选）

老舍

对于一个在北平住惯的人，像我，冬天要是不刮风，便觉得是奇迹；济南的冬天是没有风声的。对于一个刚由伦敦回来的人，像我，冬天要能看得见日光，便觉得是怪事；济南的冬天是响晴的。自然，在热带的地方，日光是永远那么毒，响亮的天气反有点叫人害怕。可是，在北中国的冬天，而能有温晴的天气，济南真得算个宝地。

设若单单是有阳光，那也算不了出奇。请闭上眼想：一个老城，有山有水，全在蓝天下很暖和安适地睡着，只等春风来把他们唤醒，这是不是个理想的境界？小山整把济南围了个圈儿，只有北边缺着点儿口儿。

（朗读者：张家声）

白杨礼赞（节选）

茅盾

那就是白杨树，西北极普通的一种树，然而实在是不平凡的一种树！

那是力争上游的一种树，笔直的干，笔直的枝。它的干通常是丈把高，像是加过人工似的，一丈以内绝无旁枝。它所有的丫枝一律向上，而且紧紧靠拢，也像是加过人工似的，成为一束，绝无旁逸斜出；它的宽大的叶子也是片片向上，几乎没有斜生的，更不用说倒垂了；它的皮光滑而有银色的晕圈，微微泛出淡青色。这是虽在北方风雪的压迫下却保持着倔强挺立的一种树！哪怕只有碗那样粗细，它却努力向上发展，高到丈许，两丈，参天耸立，不折不挠，对抗着西北风。

（朗读者：瞿弦和）

生命（节选）

沈从文

我好像为什么事情很悲哀，我想起“生命”。

每个活人都像是有一个生命，生命是什么，居多人是不曾想起的，就是“生活”也不常想起。我说的是离开自己生活来检视自己生活这样事情，活人中就很少那么作，因为这么作不是一个哲人，便是一个傻子了。“哲人”不是生物中的人的本性，与生物本性那点兽性离得太远了，数目稀少正见出自然的巧妙与庄严。因为自然需要的是人不离动物，方能传种。虽有苦乐，多由生活小小得失而来，也可望从小小得失得到补偿与调整。一个人若尽向抽象追究，结果纵不至于违反自然，亦不可免疏忽自然，观念将痛苦自己，混乱社会。因为追究生命意义时，即不可免与一切习惯秩序冲突。在同样情形下，这个人脑与手能相互为用，或可成为一思想家或艺术家，脑与行为能相互为用，或可成为一革命者。

（朗读者：姚科）

爱（节选）

张爱玲

这是真的。

有个村庄的小康之家的女孩子，生得美，有许多人来做媒，但都没有说成。那年她不过十五六岁吧，是春天的晚上，她立在后门口，手扶着桃树。她记得她穿的是一件月白的衫子。对门的年轻人同她见过面，可是从来没有打过招呼的，他走了过来。离得不远，站定了，轻轻的说了一声：“哦，你也在这里吗？”她没有说什么，他也没有再说什么，站了一会，各自走开了。

就这样就完了。

后来这女子被亲眷拐了卖到他乡外县去做妾，又几次三番地被转卖，经过无数的惊险的风波，老了的时候她还记得从前那一回事，常常说起，在那春天的晚上，在后门口的桃树下，那年轻人。

（朗读者：姚锡娟）

第四部分

练 看 评

第七课 口头评述，既能提高分析能力，又能提高表达的敏捷性

曾经有学员问到这么一个问题："老师，你对某个话题发表评论时，总是能做到观点新颖、论证严谨，既讲得头头是道、有理有据、滴水不漏，又说出别人未曾谈及的一面。而我呢，讲得跟同学们都差不多，观点毫无新意，内容也毫无亮点，让听众觉得味同嚼蜡！这到底是哪里出了问题呢？"

也曾经有学员谈起："电台上、电视上的那些评论员为什么那么厉害？不但能做到边叙述边评论，而且观点鲜明、条理清晰，口若悬河、滔滔不绝。难道是因为他们是科班出身、受过系统的训练？抑或是这种评论方式有其固定的套路或者公式？"

其实，在笔者看来，能够即兴发表评论的关键因素有两个：一是有几个常用的模板，评论者只要按照这几个套路去展开评述，就不会出现思路不清晰，或者卡壳，或者讲不下去的现象。二是发现问题的眼光。也就是看事物时，不仅仅看表面，更重要的是要透过表面去挖掘本质，如果评论者能做到这一点，就可以达到别人达不到的高度、说别人说不出的内涵。

所以，得出一个结论：要学会口头评述，首先就要掌握通用的套路。至于这些套路包括哪些具体的内容，下面就对其进行详细的介绍。

一、什么是口头评述

口头评述也叫评述法，它是比复述法和转述法更高一级的口才训练方法，指的是评论者就某个话题、某张图片、某篇书面材料或者他人演讲内容边叙述边评论。

口头评述跟前面所介绍过的六种口才训练方法有所不同。前面的六种口才训练方法只讲所看到的、所听到的东西，基本上都是客观的事物；而口头评述，不但要叙述所看到的东西，还要加入自己主观性的东西，比如感受、体会等。所以，这种口才训练法不但能提高一个人讲话的逻辑性和条理性，还可以提高一个人对事物的分析能力。

二、这三类口头评述你必须掌握

根据评论对象的不同，口头评述可分为如下三种类型。

1.话题口头评述

话题口头评述是指针对某一话题而展开的口头评述。要选择什么样的话题呢？评论者一般选取的是当下流行的或者热门的话题，既有对世界观、人生观、价值观的判断，也有对话题进行主观和客观的分析。所以，话题口头评述最能体现一位评述者的综合素质。

2.材料口头评述

材料口头评述是指没有给出一个具体的评述话题，需要评述者对一段材料进行提炼和概括，并从中选择某个切入点或者某个角度而进行的口头评述。由于材料口头评述的选题广泛，并且评述的角度又非常多，因此，材料口头评述不仅能够体现评述者对问题的分析判断能力，还能够体现评述者的综合素质和思想水平。

3.图片口头评述

图片口头评述是指针对照片、漫画等图片而进行的口头评述。一般来讲，照片和漫画的表现形式非常丰富，它可以将当前广受关注的社会现象和社会问题凝练在一张图片当中。这就需要评述者先仔细观察图片，之后才能够结合自己的观点去加以评述。所以，相对而言，图片口头评述的难度更大。

三、三种常用的口头评述套路

虽然口头评述的结构有很多种，但是既能按照评述的主要方式（一边叙述一边解释、一边叙述一边概括）展开，又能符合人们的听觉习惯和口头传播特点的并不多。经笔者总结，口头评述的常用套路主要有三种。

1.例证、例证、总结型

这种套路非常简单，它是通过几个典型并具体的事例来阐述自己的观点。具体评述步骤如下：

首先，从某一个角度或者事例来阐释。

然后，从另一个角度或者事例来阐释。

接着，从其他角度或者事例来阐释。

最后，总结自己的观点。

2.观点、例证、总结型

这种套路为评述者所常用，它是典型的三段式，具体评述步骤如下：

首先，提出主要观点或者表明态度。

然后，通过具体的事例来分析和论证观点。

最后，概括总结并强调观点。

3.问题、观点、论证、总结型

相对而言，这种套路是比较完美的，它由如下四个评述步骤组成：

首先，由某个话题或者某段材料而引发出某个问题。

然后，提出观点。

接着，多层次、多角度去论证观点。

最后，强调观点并引导舆论。

四、口头评述的三个注意事项

不可否认，口头评述训练对口才的提高有很大的帮助。但是，在进行口头评述训练时，还须注意如下三点：

第一，对材料要有述有评，评述结合，不能光有叙述而没有评论。

第二，从评述的篇幅来看，述可能多于评，但它的重点在于评，目的是评，评是为述服务的。

第三，主要通过评述结合的方式，表明评述者的立场和主张。

五、能快速提高口头评述能力的极佳训练方法

口头评述优于前面几种口才训练方法的地方就是它能表明评述者的立场和观点。所以，可以这么说，如果掌握了口头评述的技巧，那你的口才就已经上了一个台阶。不过，这种方法也不是很容易掌握的，它需要经过多次的演练，才能达到预期的效果。现将这种训练方法的步骤整理如下，供大家参考。

第一步，找对材料。这一步非常重要，如果材料没有选对的话，你就不好对其进行评述。根据笔者的经验，最好选择有哲理性的小故事、有争议性的新闻、有价值性的图片等。

第二步，反复品读。这一步的目的是要理顺材料的写作顺序和中心思想，同时，要记住材料中的重点内容。

第三步，展开联想。展开联想是点评的基础，当展开联想后，自己的思路就会更广阔，更容易将材料的内容与自己的观点相结合，供自己点评的角度也会更多。

第四步，开始评述。所谓的评述，其实就是借题发挥。所以，在评述之前应先选定自己要评述的角度。同时，选定自己要评述的方式，到底是边叙边评，还是先叙后评。之后，开始评述，当然这个时候，最好找到一个有观众的舞台，不然，那会打击自己的积极性。

六、口头评述的三类典型案例

讲完相关理论，笔者就口头评述的三种类型各举一个典型的案例，供大家学习和借鉴。

1.话题口头评述的典型案例

“民信”比天大

张保振

子贡问孔子怎样理政。孔子答：“足食，足兵，民信之矣。”意思是说，只要粮食充足，军备充足，百姓对国家信任就可以了。子贡又问，如果要去掉一项，先去哪一项？孔子答：“去兵。”又问，再去一项呢？答曰：“去食。”可见，在孔子看来，只要取信于民，获得老百姓的支持，国家的根基就稳固，国家的富强就有望。可以说，“民信”比天大。

“民信”比天大，不是灰色的理论，而是常青的生活。无论古今，只要能获取民心，便能得天下、治天下。相反，即便是高城深池，坚甲利兵，也不足恃。历史的常态就是这样：人心不摇，莺歌燕舞；人心不附，鸟散猿吟。

“民信”比天大，关键在一个“信”字。“信所以守也。”这种守，常如“守护神”，贫也好，富也罢，它都一如既往，不弃不离；弱也好，强也罢，它都始终如一，守候守护。这种信而守，碰到灾，能坚守不退，共扛之；遇到难，可坚定如初，共克之。这种信而守，只有执着、专一，没有徘徊、投机，是真正意义上的“可与为始，可与为终，可与尊通，可与卑穷者”。

欲民信之，先要“修己”。修己，不是为己，而是“修己以安百姓”。“安百姓”的修己，要习惯于晚上“过电影”：想想当天为百姓做了哪些事？还有哪些事没做好？第二天应该怎么干？也要习惯于听取“谔谔之音”。毕竟，千人之诺诺，不如一士之谔谔。唐太宗即位时，曾下诏全国免征免调一年。但不到4个月，便下诏要征集16岁至18岁身强力壮的男子入伍。魏征得知后，两次抗旨，并谏言唐太宗：朝令暮改，怎能取信于民？魏征的“谔谔之音”，让李世民顿悟，下令停征。正因为李世民此后纳谏修己，进而开创了史称“贞观之治”的盛世。

欲民信之，要在“正己”。老百姓信谁，常常不是听他讲得多么动听，而要看他做得是否能够服人。只要自己正，老百姓会自动跟上来、聚过来。隋朝的赵轨，任齐州别驾时，看到邻居家的桑葚落到自己家，他不是捡为己有，而是“遣人悉拾还其主”；做原州总管司马时，一次夜行，身边人的马不小心跑进农田，踏坏了老百姓的庄稼。他立即下马，等到天明，找到庄稼的主人，偿付了钱才离开。他的行为，让老百姓深为叹服、信服。他被调离齐州时，父老乡亲挥泪说“公清若水，请酌一杯水奉饯”；原州的百姓官吏更是对其由信而学，“莫不改操”。

欲民信之，当要“后己”。人，皆有个人私事。但当了“官”，做了“公仆”，就须有“先天下之忧而忧，后天下之乐而乐”的情怀，凡事先人而后己。只有“先人”，才能得人、得心。

雨果有言：最高的道德，便是为旁人着想。为民着想者，民信之、民服之、民从之。

本篇论述的主要思路如下：

首先，从孔子的名言引出“民信”比天大的观点。

然后，解释“民信”比天大的深层内涵和关键。

接着，引经据典并阐述如何使“民信之”。

最后，引用雨果的名言总结并强调“民信”比天大的意义。

2.材料口头评述的典型案例

材料一：2010年3月12日上午，石家庄市正定县决定今年将斥资修建“赵云故居”，奠基时间定于4月26日，规划占地30亩。与此同时，一份《打造赵云文化主题公园招商方案》在邢台市临城县文体局形成，临城县将在3年到5年内修建一座占地300亩的“赵云文化主题公园”。至此，正定与临城的“赵云故里”之争，已由最初的“口水仗”逐渐演变成了旅游资源的争夺。

材料二：在山东阳谷县，正在施工的狮子楼旅游城二期工程中，“西门庆府院”是一大看点。这里主要为《金瓶梅》中西门庆几房妻妾的住所，将于5月20日向游客开放。而在距离阳谷县约80公里的临清市，“西门庆院落”也是其“金瓶梅文化旅游区”招商项目中的一项重点内容。

在国人的传统观念中，“故居”本为历史上彰扬正义、功德无量的仁人志士所建，如今竟然也为“西门大官人”折腰，震痛了不少国人的神经。

其实，古人争夺战由来已久，在网上早就有所谓“伏羲东奔西走，黄帝到处安家，女娲遍地开花，诸葛四处显灵”的说法，为了一个古人的“故里”，神州处处，硝烟弥漫。

悉数下来，如此疯狂的争夺俨然成了一部名为“闹剧”的“连续剧”。

眼下，这西门庆的争夺喧嚣声尚未落下，5月11日，关于“三国”佳丽大乔小乔又被人争夺了起来，据说此战役的场面最为波澜壮阔，烽火连贯东西，直接涉及五省七地：湖北嘉鱼县、河南商丘市、湖南岳阳市、浙江义乌市，以及安徽的潜山、庐江、南陵三县。各自依据的逻辑，从“二乔”的外婆家到“二乔”老爹的祖籍，再到“有墓即故里”，围绕故里争夺所开展的项目建设，从顶级的商务会所到采摘瓜果的农家小院，旅游创意从观光游、温泉游，会展游到购物游、农家乐，不一而足。

从以上两则新闻素材中我们可以清楚地看到，从真实的历史文化名人到虚拟的文学形象，从其出生地到身后墓葬的追踪，从省里的“内部矛盾”到跨越省界，如今竟从忠孝节义的弘扬发展到对恶贯满盈的不讳宣传，名人故里何以受到如此超乎寻常的青睐？

要解答这个问题，首先需要明确，各种争是谁在争。国人讲究老祖宗的名气，一个姓不姓“赵”的问题，缠绕了阿Q一生一世而不得解脱，所以“出来闯江湖”，就要探寻自己的“故里”。倘若只是专家学者的学术争鸣，应当为其勤奋和认真鼓掌。但是在纷繁的争夺背后，却是执着的“文化荣誉感”在作祟。

然而近年来，这种文化心态居然从民间走入官场，没有名人，也要扯个“一表三千里”，不是“故里”，也要争个“故里”，衍生出此起彼伏的争夺乱象。于是，争夺名人的纷乱世相，出马叫阵的却往往是当地政府。例如河北正定县为争赵云故里，称竞争县“堵门骂阵，欺人太甚”，并提出“撼山易，撼赵云故里难”，火药味十足。而争夺李白故里的两市先是诉诸国家市场监督管理总局，后威胁以动用法律手段，着实剑拔弩张。而每一出故里争夺大戏中，政府“身先学者”的表演背后，都有各地政府少则数千万，多则数亿的开发投资，可见政府已经成为名人故里争夺战中当仁不让的竞争主体。

李白、曹雪芹、西门庆、女娲、黄帝……当历史、小说，甚至上古传说中的人物都“被加入”这纷纷攘攘的故里争夺战时，不禁让人好奇，争夺名人难道真的是创造生产总值、提高地方知名度的灵丹妙药？那些争夺“成功”的地方，是否真的从此踏上了发展的快车道？由于没有一个客观的标准，我们很难判断哪些地方的争夺是成功的。有专家认为所谓“成功”，有两个标志，一个是地方旅游确实得到发展，另一个是地方文化传承做得不错。若是依照这一标准，成功的竞争者究竟有几家呢？这几家又能在多久的时间内保持成功呢？

古人要不要争？中国历史悠长，众多的英雄豪杰、文人骚客除了少数出身履历是铁断的公案，大多因记载不详或名址变迁成了无头的悬案，各地若有自家史料，怎能不争？退一步讲，就是超出学术范围，以经济利益为导向的旅游开发之争，倘能真为当地百姓谋得福利、争得就业机会，也未尝不可争。关键要看怎么争。

反观我们的东邻日本，同样是一个对文化名人的身世众说纷纭的国家，但对挣钱的名人故里景点并不较真。在日本与徐福有关的遗迹就有七八处之多，但从没听说过这些地方有什么争执，只是各说各的，反而各得好处，共生共赢。

而在中国，除了怎么争，更应考虑的是如何开发。毕竟，利用文化招商的出发点毕竟还是商业利益，文化的出现更多的是作为一个冠冕堂皇的理由。有学者建议，针对这种文化遗产之争，有关部门应商讨历史文化资源的利用途径和整合战略，引导相关资源有效整合，实现跨行政区划的文化品牌整合战略和文化旅游营销，才是更高层次的文化战略。这样不仅可提高文化产业效益，还能进一步提升历史名人的魅力和文化品牌的知名度。

（改编自《国际先驱导报》2010年5月13日《名人故里之争被指系利益之争 文化沦为陪衬品》。）

本篇论述的主要思路如下：

首先，列举两个典型的材料：一个是关于“赵云故居”的修建，另一个是关于“西门庆院落”的施工。

然后，引出问题：名人故里何以受到如此超乎寻常的青睐？

接着，进一步阐述：名人故居之争的背后，其实是各地政府想创造生产总值、提高地方知名度。

最后，提出解决各地名人故居之争的对策：实现跨行政区划的文化品牌整合战略和文化旅游营销。

3.图片口头评述的典型案例

表与里

李琼

（本文配图见图7-1）

图 7-1（漫画作者：曹一）

从漫画我们可以看出：人们打开五个名为“地方政府网站”的网页，却发现内容为空白，纵使人们费尽心思查遍每一个角落，终究是什么也没有发现，什么也没有找到。

看到这幅漫画，让我想到了近期《中国青年报》2月22日刊登的一则新闻：中国社科院日前发布《中国地方政府透明度年度报告（2009年）》，报告称对中国43个省会城市和较大市的政府门户网站集中调查发现，半数以上网站不及格。部分网站只重形式不重内容，栏目多为空置。有的网站提供的信息陈旧错误，如电话号码、电子邮箱地址有误。

在信息化时代，政府网站的建立是政府建设的一个硬指标。建设政府网站的目的当然很明确，要更加及时地发布公共信息，为民众提供更加便捷的服务。但目前的问题是，网站的形式虽说达标了，社情民意却未见得因此通畅。内容陈旧、信息错误、栏目空置，各地的问题五花八门，但根源却只有一个，很多地方政府要了这个“信息化建设”的空壳，却没有真正意识到其中的政府责任。近年来，多个地方曝出的所谓“最牛回复”就一再向社会表明，你要真把有些政府网站上的内容当真了，恐怕只能说明你太幼稚。

政府网站名存而实不至，成为一个相当普遍的问题，充分表明了服务型政府的建设之难、公民社会的达至之艰。从某种程度上说，政府网站上民众的需求与政府服务之间有多远，实际上就是政府服务离及格线还有多远。

（改编自《长江日报》2010年2月23日李琼《表与里》。）

本篇论述的主要思路如下：

首先，简短描述画面的内容。

然后，由漫画引入话题，并发现问题。

接着，分析漫画所反映的社会现象的实质。

最后，总结观点和表明态度。

七、能快速提高口头评述能力的极佳训练材料

介绍了口头评述口才训练法后，笔者再给大家提供一些训练材料，以便供朋友们在进行口头评述训练时使用。这些材料包括了必须评述的10个与我们生活息息相关的话题，必须评述的5个能提高财商的经营故事和必须评述的9张让人过目不忘的经典图片。值得声明的是，这些材料都是笔者精心挑选的，都是训练口才的最佳资料，希望朋友们认真完成这次学习任务。

1.必须评述的10个与我们生活息息相关的话题

①“拍脑袋”与“看眼色”。

②也说“工匠精神”。

③“破万卷”不如“点鼠标”。

④网络的“利”和“弊”。

⑤中小学生是否该用手机？

⑥如何看待中国的传统节日？

⑦从“艺考热”现象所想到的。

⑧如何看待用App布置作业？

⑨“洋快餐”频打“中国牌”。

⑩又“囧”又“槑”，我看网络“热字”。

2.必须评述的5个能提高财商的经营故事

把鞋子卖给南太平洋人

高慕

据说，19世纪50年代初，美国鞋厂为了开拓南太平洋市场，有三家厂商各派了一名业务员到小岛上考察。

这三位业务员先后到了那里后，惊呆了：这个鬼地方，竟然没有一个人穿鞋子！

第一位业务员感到非常绝望，心里想：都没人穿鞋子，卖给谁？他当即给公司老板发了一份电报：“这里的人都不穿鞋子，我明天搭第一班飞机回去。”

第二位业务员却完全相反。他看到这种情况后，大喜过望：哈哈！这回肯定发财了，这里竟然还没有一个人穿鞋子，绝对是个新市场。他立刻给老板发了一份电报：“老板，岛上还没有人穿鞋子，我决定在这里混了。”

那第三位业务员的看法如何呢？这位卖鞋子的业务员更神！他不但意识到这里是一个空白市场，还发现了另一个市场：南太平洋岛上的椰子竟然没人要。他心里想：“我何不先把一些椰子拉出去，卖掉后，再将鞋子运进来？”

于是，三个业务员就有了三种不同的命运。

第一个业务员没有发现市场，他被解雇了，他改行了，不再从事销售了；第二个业务员发现了一个市场，他变成了市场部经理；第三个业务员发现了两个市场，后来他当了老板。

海水到底是什么颜色？

高慕

故事发生在12年前，那时我大学毕业不久，在深圳一家药品公司从事销售工作。有一个周日的早上，我们公司的老板张总用他的宝马车，载着我们六位业务经理到大梅沙去欣赏海景。

那天，我们几个玩得挺开心的，几个不知天高地厚的年轻人坐在软绵绵的沙滩上，一边吃着香喷喷的羊肉串，一边欣赏着大海中若隐若现的轮船，那种感觉真爽。

到了下午，张总突然问起我们来："我们也在海边玩了一整天了，大家说，海水到底是什么颜色呀？"

"海水是白色。"第一位仁兄指着眼前的海水，脱口而出。

"白色？你朝香港那边看，看远一点，你就看到了，海水是浅蓝色的。"第二位老兄接着说。

看到他俩很认真的样子，我也说了："其实，海水本身是蓝色的。不过，这边的海水就不是这样了。"

"如果看远一点、看深一点的话，海水应该是深蓝色。"第四位兄弟沉思了片刻，抬起头来缓缓地说。

"还往远处和深处看啊！那我个人认为：海水应该是蓝黑色。"第五位兄弟乜斜了大家一眼，摆出一副玩世不恭的样子。

"别吵了，顺着这条思路往下走，我的答案绝对是正确的了，海水应该是黑色。"最后那位兄弟得意地笑了起来。

奇怪了，想不到一个简单的问题，竟然有六种不同的答案。我们几个都不约而同地望着张总，等着他来评判。

张总沉默了一阵子后说："现在已经很晚了，我们也要回去了，我安排一下吧！说海水是白色和黑色的你们两位，就不用坐车了，走路回去吧；说海水是浅蓝色和蓝黑色的你和他，就坐着普通的大巴回去了；说海水是蓝色的这位同事，你呢（张总指着我），等一下去坐空调小巴回去吧；还有，刚才说海水是深蓝色的，你现在就坐我的宝马回去。"停了一下，张总继续说："你们两位，如果觉得走路回去是很冤的话，那明天就不用来上班了。"

一说完，张总就把刚才说海水是深蓝色的那位同事拉上他的宝马车，绝尘而去了。

刚开始，总认为张总在跟我们开玩笑呢，想不到这次是来真的，剩下的我们五位兄弟都傻了，面面相觑，不知如何是好。特别是被指定走路回家的那两位同事，鼻子都被气歪了。其中有一位嚷了起来："这个能测出什么嘛？纯属扯淡！老子决定不干了，此处不留爷，自有留爷处。深圳这个地方还愁找不到工作？我们一起坐车回去。"最后，我们五个只好一起坐着普通大巴回来。

第二天，说海水是白色和黑色的两位同事果然不来上班了。张总对着剩下的我们四位业务员问：“你们想不想知道我为什么要求他俩走路回来呢？”

“想知道啊！特别是根据不同的答案，你也指定了我们乘坐不同的交通工具回来，依据是什么？”我们都来兴趣了。

张总缓缓地说：“你们都是大学生，智商方面没得说。但是，我想告诉你们的是，做市场的话，更需要的是阅历和悟性。我16岁从汕头来到深圳，在10多个行业里做过生意，基本上没失败过，最多是少赚了钱而已。这么多年来，我发现，一个人的前瞻性和觉察力是很重要的。昨天，我问你们海水到底是什么颜色，就是要测试一下，你们的市场觉察力如何。”

略停了一下，张总继续说：“回答海水是白色的，说明他根本没有思考，看到什么就说什么，舌头跑得比脑袋还快。他看到的只是事物的表象，真正的市场他是看不到的；回答海水是黑色的，说明这种人有跟风的倾向，看到人家回答颜色越来越深了，他也跟着起哄，他对市场没有主见，就像人家娶媳妇了，他也跟着去送花一样。你们说，我不让他俩走路回来才怪！”

瞟了大家一眼，张总接着说：“另外，说海水是浅蓝色的，说明他已经能够从事物的关联性上来分析市场了，但是，有广度没有深度；同样的道理，说海水是蓝色的，说明他认识市场也只有深度而没有广度，并且这也是别人的经验，大家都知道海水是蓝色的；只有说海水是深蓝色的，才真正具备了非凡的觉察力，他已经从深度和广度来分析市场了；还有，说海水是蓝黑色的，说明他对市场抱着乐观态度，有冒险草率倾向。”

对于张总这段超长篇的分析，当时我们也觉得挺有道理，真想不到，一个初中都没毕业，也没大我们几岁的年轻老板，会讲出这么高深的道理来。但是，仅从这个小小的问题就能检验出一个人对市场的觉察力和前瞻性？我们都不以为然，一笑而过。

但随着时间的推移，意想不到的是，当我们相继离开那家公司后，这六位业务经理的职业发展竟然印证了张总12年前的分析。

说海水是白色的那位仁兄，后来进了一家工厂当质检主管，早就不从事营销工作了；说海水是浅蓝色的那位兄弟，现在的身份还是业务经理，10多年过去了，薪水并没增加多少；说海水是蓝色的我，创业失败后，在一所高校当营销学的讲师，给学生讲这段值得品味的往事；说海水是蓝黑色的那位帅哥，后来到家电行业发展了，目前是一家知名手机厂商的营销总监，他混得挺不错；说海水是黑色的那位同事，有一天我在报纸上看到了他的名字，原来他卷走了公司的账款，事情见报了；说海水是深蓝色的那位大哥，一直跟我们都有联系。2002年，大家曾经在一起喝咖啡，他说要去上海发展，我们几个都觉得不可思议，深圳不是挺好的嘛！结果还是他有发展的眼光，现在已是一家私营企业的老板。

推销要懂心理学

高慕

我是一个有品牌情结的人，所以每次去超市买洗发水的时候，只买沙宣这个牌子。

有一次，就在我抱着大瓶的沙宣，准备去收银台付款的时候，一位卖其他牌子洗发水的促销员过来问我："先生，你很喜欢用沙宣吗？"

我说："是啊！一直用这个牌子，都用很多年了。"

"先生，沙宣用了会很干的，并且它是比较适合女人用的。"

"我就喜欢干！我就喜欢用女人的东西！"知道她是促销员后，我笑着对她说。

"真的，我不骗你，用久了不好，会生病的。"

"我就喜欢生病！"我来气了，故意跟她抬杠，如果她还在继续劝我不买沙宣的话，我就干脆告诉她我本来就不想活了。

"有毛病！"看到我这么固执，这位促销员嘟哝了一句，就跑开了。

当我再一次去买沙宣的时候，又碰到了另一个女孩问我同样的问题。这位促销员跟上一次的那位是同一个厂家的，也许是上一次的那个女孩子已经走了，由她来顶替。

"先生，你一直都在用沙宣吗？"

"是的！"

"先生，这款沙宣比较适合女人用，男人用久了，头发会很干。"

"我就喜欢干，我就喜欢用女人的东西。"我如法炮制，想赶快打发她。

"先生，你真幽默，你很有个性。"她笑了笑说。

啊！真没想到她会这样回答我，突然，我觉得自己有点不好意思了，怔怔地看着她。

"先生，你有没有这种感觉？刚开始用沙宣的时候，效果非常好，头发很清爽，很直也很香！但用着用着，效果就不怎么样了！"

"是有这种感觉，为什么呢？"

"因为再好的产品，用久了都会产生'失效性'，所以使用洗发水，最好是过一段时间就换一下其他牌子……”

最后，我还是被这位促销员说动了，决定把沙宣放回原处，购买她介绍的产品。

当我兴冲冲地抱着这瓶2000毫升的洗发水回家一用，啊！效果太差了，无奈之下，只好把它送给了邻居。

第二天，邻居告诉我，他自己也没用，只是给他家的猫用了一次，没想到猫也觉得不舒服，在地上滚来滚去。

花钱就是买开心

高慕

公司这几个月的业绩都很好，很多产品已经脱销了，老板很开心，于是有一天晚上，他带我们几位一起去吃消夜。

当我们刚坐下来还没开始点菜的时候，几位啤酒促销员先过来了，有金威的、有青岛的、有雪花的……

这时候刚好是夏天，看到啤酒促销员后，我们几位更加想喝冰啤酒了。有的想点金威，有的想点青岛，还有的想点珠江……

看到我们几位意见不同，老板说：“其实，这几种啤酒口味都差不多，都是大家常喝的，我看看谁最会说话，就跟谁买。”

于是，老板就跟她们讲：“我们肯定是要买啤酒的，但是跟你们谁买呢？我有一个条件，我买谁的啤酒，谁必须跟我一起喝，我喝一瓶，你也必须喝一瓶，我喝一打，你也必须喝一打。”

一听说要喝酒，雪花啤酒的促销员就走了。

金威啤酒的促销员很委屈地说：“老板，我们公司规定，不能跟客人喝酒的。”

“你不能喝酒是不是？那你下去，会喝酒的上来。”老板很得意地说。

这时候，青岛啤酒的促销员上来了，她一开口就说：“老板，你应该是老板吧！我看你今天很开心，我也替你开心，碰到开心的事情嘛，就必须喝酒，越喝才会越开心，只要你开心，我愿意陪你……”

她的话还没说完，就被老板打断了：“好！好！好！我就买你的啤酒。”

当青岛啤酒的促销员帮我们打开啤酒，大家正准备一人一瓶对着干的时候，她却跟老板说：“老板，我有点急事，要到那边去一趟。”就这样，她开溜了，并且再也没有回来。

推销就是要找对人

高慕

这是10年前的事情了。

那时候，我有一个朋友，正在推销一种很特殊的产品。有一天早上9点钟左右，他敲开了深圳华强北路赛格大厦某个公司老板办公室的大门。

老板问："你有什么事？"

朋友说："老板，您好！我是龙岗永久墓园的业务员，我是来卖骨灰盒的。"

老板一听，火了，骂了起来："我跟你有仇啊，我今天还没开门做生意，你能不能说几句好听的话？"

朋友继续说："老板，您先别生气，其实，对于我们个人来说，目前的一切，包括房啊，车啊，都是临时的，只有这个盒子才是永久的，这是每个人都无法回避，都必须提前考虑的终身大事……"

老板更火了，打断了他的话，说："我告诉你，在深圳，黑帮、红帮我都有人，我打死你，就像踩一只蚂蚁那么容易，你还不走，就让你先享用你自己的产品了。"

尽管朋友的口才很好，但是这一天，他就是卖不出一件产品。

3.必须评述的9张让人过目不忘的经典图片

（1）我的前夫（见图7–2）

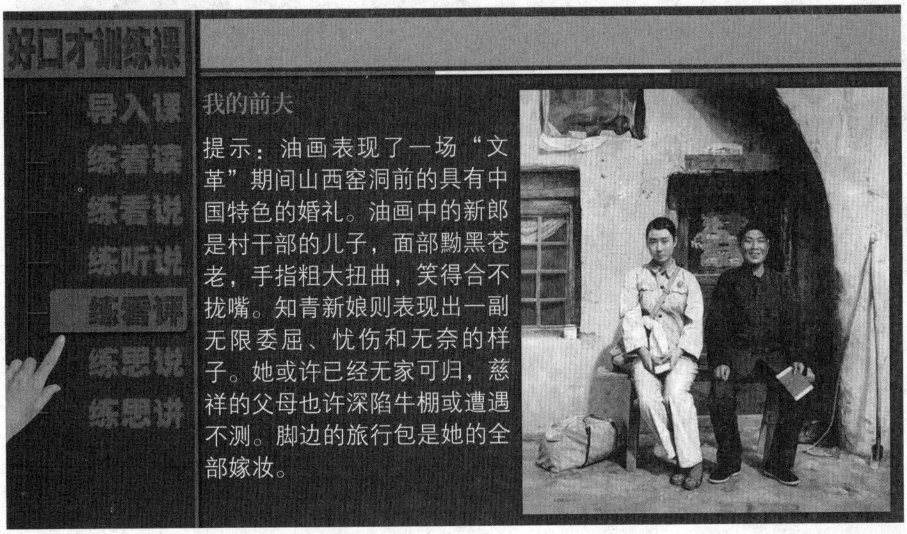

图 7–2

（2）让我们荡起双桨（见图7–3）

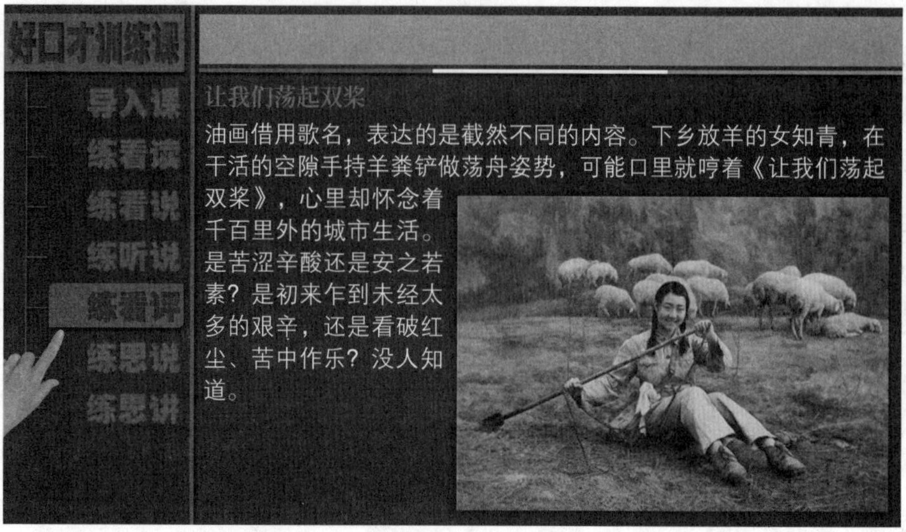

图 7–3

（3）弟弟要睡了（见图7–4）

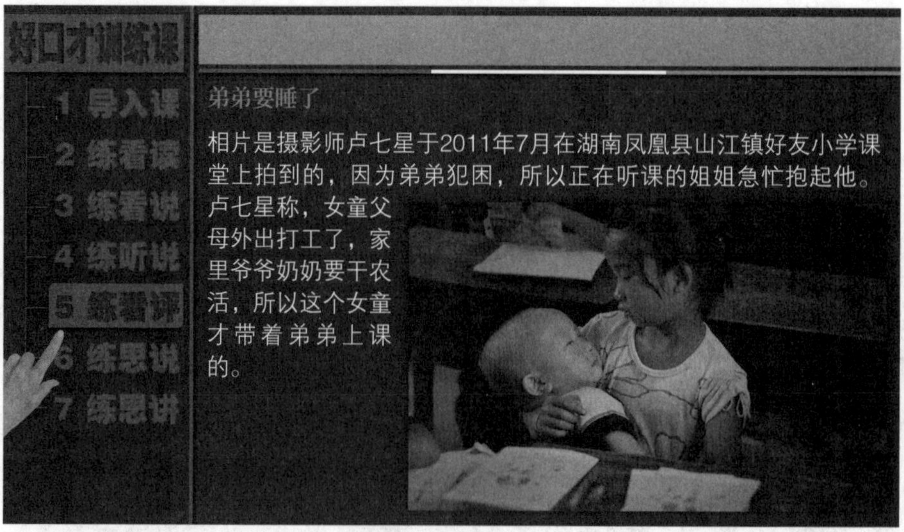

图 7–4

（4）你怎么啦（见图7–5）

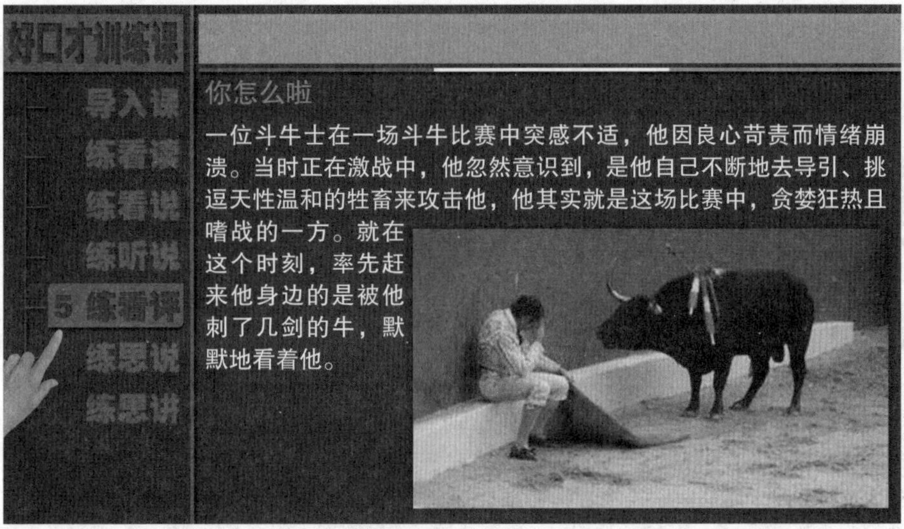

图 7–5

（5）依依惜别情（见图7–6）

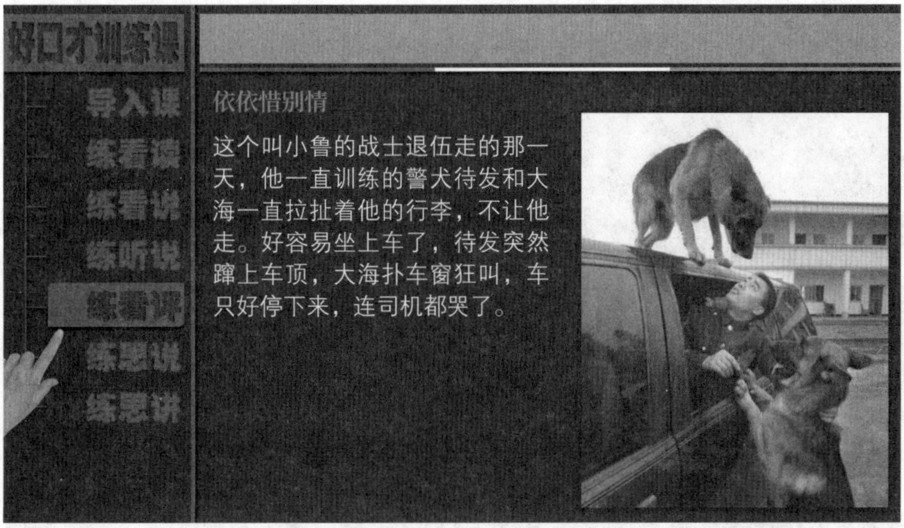

图 7–6

（6）实在不能再低了（见图7–7）

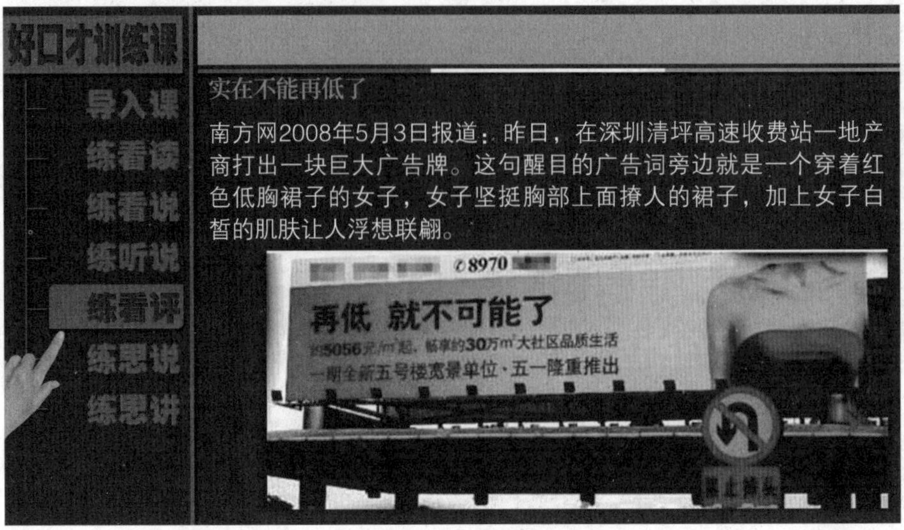

图 7–7

（7）恶俗的广告（见图7–8）

图 7–8

（8）武大郎开店（见图7–9）

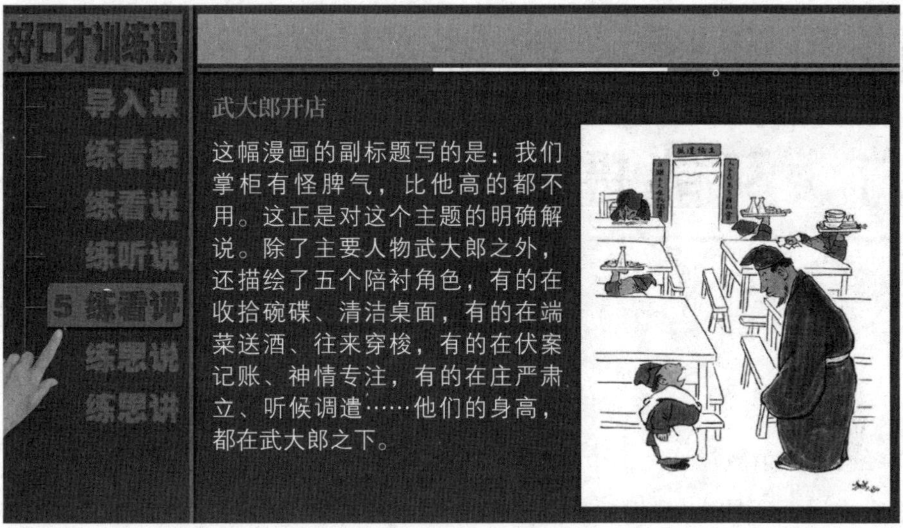

图 7–9

（9）假文盲（见图7–10）

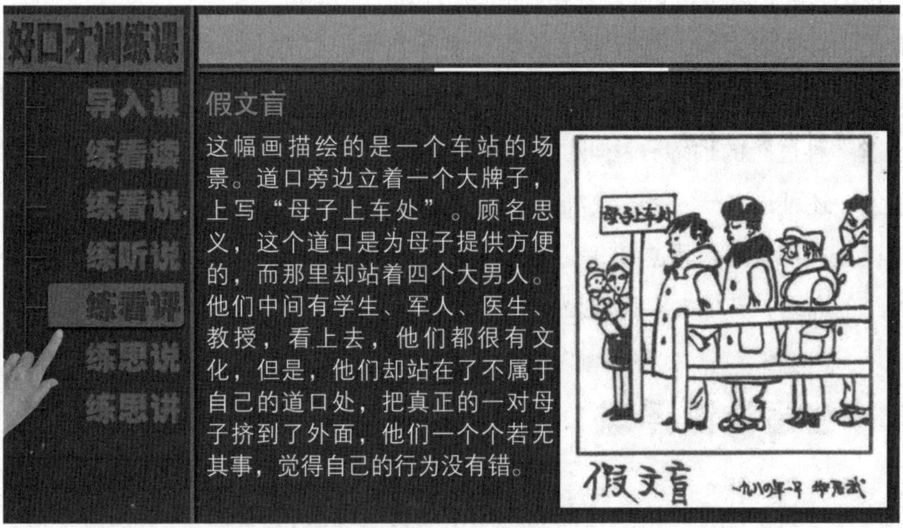

图 7–10

第八课

快语评球，既能提高反应能力，又能提高口头表达能力

曾经有学员请教过这么一个问题：“我平时说话有点慢，总是喜欢一边想，一边说，上台之后，还是这个习惯，慢条斯理、从容不迫。可是，这种表达方式的节奏感不强，根本抓不住听众的注意力，也导致演讲效果达不到自己的期望。老师，要想改善这种情况，是否有相应的并且特别有效的训练方法？”

也曾有学员更加直接地问：“老师，我发现口才好的人，他们互动时，反应很快，能及时回答听众的问题；他们表达时，语速稍快，有种噼里啪啦的感觉。如果想成为这样的大咖，我应该进行怎样的训练呢？”

其实，在笔者看来，想让自己的表达更加利索、更有节奏感，最根本的方法是快读，也就是快速朗读，它能提高咬字器官的反应速度，让自己说话又快又干脆。另外，还有一种进阶的训练方法叫快语评球。这种训练方法，不仅能提高我们对事物的反应能力，还可让自己的表达更准、更快、更狠！

朗读法在前面已经重点讲解过了，所以在这里，笔者只对快语评球这种训练方法进行详细的介绍，希望大家喜欢。

一、什么是快语评球

快语评球就是体育评论员把球赛现场中的赛况以及相关知识向观众讲解的一种解说方式。

相比现场报道和口头评述，快语评球对口头表达能力的要求更高。因为它选择的是场面激烈、变化迅速、令人眼花缭乱的球类运动作为解说对象，而球场上攻守变化

异常迅速，球员动作也令人目不暇接，要做到说与赛同步，边看边讲，边讲边评，就必须使出你的浑身解数。所以，快语评球是训练“嘴功”的有效方法，也是提高口头表达能力的极佳途径之一。

根据球类运动的不同，快语评球还可以分为快语评篮球、快语评排球、快语评足球、快语评网球、快语评乒乓球、快语评羽毛球等。而在常见的快语评球中，难度最大的要数快语评足球。

二、快语评球能提高反应能力

快语评球属于体育解说的范畴，它是一种对体育运动独特感受支配下的语言表达方式，也是评论员人格的外化。所以，它的特点也非常明显。

1.抒发激情

好的体育评论员在评球的时候，给人的感觉是在听一场战役，而他的情绪也多半是激昂的。宋世雄老师就曾经发表过这样的观点：一个体育评论员首先要做到的是，全身心投入，精神高度振奋，情绪非常饱满，这样才能和比赛场上激烈的运动相协调。

2.掌控节奏

一个优秀的体育评论员，他的语速是有明显变化的。比如，在比赛进行到白热化阶段，语速要加快，最快的语速可达450字/分钟；而到了至关重要的赛点时，语速要变慢，停顿有时可能会长达10秒钟。

3.把握分寸

把握分寸包括把握情感态度分寸和把握内容表述分寸两个方面。把握情感态度分寸就是评论员在评球的时候，要给观众带来良好的审美感受，不能让解说变成一种自我情感的宣泄。把握内容表述分寸就是强调客观、公正的解说原则，解说评论，既不能夸大其词、哗众取宠，更不可表现个人的某种好恶与偏好。

三、迅速提高快语评球技能的三大要求

快语评球的要求跟现场报道的要求有点不一样，它的要求可能会更高一些。

1.评述结合

评论员在叙述时，不能说得太满，如果过度重复比赛的画面，那么可能会破坏传播的效果；评论的时候，也不能过多，否则会显得喧宾夺主。那怎么办呢？首先要对场上的形势进行预判，多说即将发生的事件；其次，要使用生动的语言，比如，英国足球解说员在评论联赛中的一位门将时，曾经说过“他抱自己的脑袋都会脱手”。还有，宋世雄老师也曾经说过“里杰卡尔德在丹麦禁区内兵荒马乱的情况下打进一球”。

2.捕捉细节

电视机前的观众一般只关注大而全的场景，但精彩纷呈、高潮迭起的比赛场面，是由一个个转瞬即逝的生动细节组成的。所以，优秀的评论员要把目光投向赛场上的运动员身上，及时捕捉他们的一举一动，并做出精确而形象的刻画，传达出人物的性格特征，使观众有种现场感，同时获得评论艺术的享受。

3.扩展层面

体育实况转播是一种多层次的节目。评论员研究的资料越多，掌握的背景越广阔，懂得的知识越丰富，对转播评述就越有帮助。所以，在报道比赛进展的同时，适时地、简明地、明确地穿插一些背景材料，会加深人们对比赛的感受，扩大人们的视野。

四、能快速提高快语评球技能的经典套路

介绍了快语评球的特点和要求之后，笔者把这些要求整理成一个通用的模板，以供朋友们在进行快语评球训练时参考。这个通用模板的格式和内容如下。

1.称呼语

称呼语是礼貌用语，也是评论员在评球之前必须先说的。例如，中央人民广播电台、中央电视台，各位观众、各位听众，台湾同胞们、港澳同胞们、海外侨胞们。

2.赛场介绍

告诉观众，你在哪里，这是什么比赛。例如，现在我们是在日本东京代代木体育馆向您现场直播第三届世界排球锦标赛中国女子排球队和日本女子排球队比赛的实况。

3.现场讲解

开始对赛场上的战况进行讲解。例如，陈亚琼把球托起，孙晋芳把球传给郎平。郎平腾空跳跃，她打了个超手球，打手出界，中国队得分。

4.结束语

结束句是体育评论员在讲解结束时必须要说的。例如，各位观众，第3届世界排球锦标赛中国女子排球队和日本女子排球队比赛的实况就为大家直播到这里，是由宋世雄解说的，感谢大家的收看，各位听众，各位观众，再见！

五、经典快语评球语录和选段

介绍了快语评球的通用模板之后，笔者再给大家列举一些名家的经典快语评球语录和选段，以便让大家掌握这种口才训练方法。

1.经典快语评球语录

刘建宏经典解说语录

◎越位了！是不是越位了呢？应该是越位了。对，没错！明显越位了。我们再来看看慢动作，哦……这个球，好像不是越位啊！再看看，嗯，确实没有越位……

◎荷兰球员防梅西防得像跟女朋友逛街似的……手拉着手，一刻也不分离。

◎范佩西的父亲是个艺术家，我觉得他父母最好的作品就是范佩西……

◎本场比赛，范佩西还是那个范佩西，罗本还是那个罗本，梅西还是那个梅西。

◎阿奎罗有句名言："就算我做不成球星，也要做球星的老婆。"

◎三个臭皮匠顶个诸葛亮，何况是三个这么顶尖的球员（梅西、阿奎罗、贝隆）！他们在一起能商量出什么呢？好球！打高了……

韩乔生搞笑解说语录

◎随着守门员一声哨响，比赛结束了……

◎各位观众，中秋节刚过，我给大家拜个晚年！

◎队员在平时的训练中一定要加强体能和对抗性训练，这样才能适应比赛中的激烈程度，否则，就会像不倒翁一样，一撞就倒！

◎忽如一夜春风来，意甲流行三后卫。

◎国外的球员都非常敬业，比如马特乌斯，在小孩出生3个月后就上场比赛了。

◎现在场上火药味很浓，两队队员在场上你争我抢，两队的教练也在场下争风吃醋。

◎把球一脚射进了大门……我们来看看慢动作……哦，是用头顶进的！

◎2000年至2001年赛季，德甲，异常响亮的一个嗝，满座皆惊。

◎9月27日，中国队客场对阵阿联酋，守门员杨璞扑球脱手了……

王涛经典解说语录

◎他以迅雷不及掩耳盗铃、铃儿响叮当、当仁不让、让世界充满爱、爱你没商量、靓颖我爱你之势冲入禁区，他的个人能力毋庸置疑。

◎今天我的搭档是周杰伦，但是他的老婆生孩子了，所以我一个人为大家解说。

◎后卫冒着丧失传宗接代能力的危险，挡住了这个球。

◎他的一脚射门射向了天空，冲进了太空，飞向了宇宙。

◎他的射门靴一定是昨晚落在他女朋友那儿了。

◎打南边来了个卡卡，打北边来了个凯塔。卡卡爱跳桑巴，凯塔来自科特迪瓦。卡卡碰了凯塔，凯塔立马躺下。裁判看凯塔倒在卡卡脚下立马刷卡，也不知道是卡卡弄疼了凯塔，还是凯塔戏弄了卡卡。卡卡被红牌罚下，凯塔说自己能得奥斯卡。

贺炜经典解说语录

◎曾经有一个黄金的进球机会摆在我的面前，我没有好好珍惜。

◎中国足球即使是再多人的痰盂，也永远是我的圣杯。

◎你的对手强大并不一定意味着恐惧，人最感到恐惧的是对未知的恐惧。面对着实力强大的巴西，朝鲜就像《大卫与歌利亚》故事当中的大卫一样，在现实当中他们没有击倒巨人巴西。

◎对法国队的队员来说，苏黎世的这个雨夜是让人伤心的，就像193年以前在比利时的滑铁卢镇，拿破仑所面对的那个伤心的雨夜一样。这个时候，我想起了法国文豪福楼拜的一句话："我们在人的一生中最为辉煌的一天，并不是功成名就的那一天，而是从悲叹和绝望中产生对人生挑战的欲望，并且勇敢地迈向这种挑战的那一天。"我们拿这句话和失败的、回家的法国队队员们共勉，我们送别法国队，我们祝贺意大利队，观众朋友们，再见。

◎当他们述说你现在的潦倒，我唯有报以淡然："你们只是没有见过他风华正茂的日子。陪着他越过人生的高峰，这是我私藏的幸福。"（致劳尔）

◎新西兰队的这几脚传球传得不错，真是经不起夸，刚夸他们球就丢了。

◎球员有自己的生活，每个观众也有自己的生活，当大家的生活交汇在这一刻，就形成了历史的节点。在这里，我们既是别人眼中的风景，别人也成为我们眼中的风景。

2.经典快语评球选段

宋世雄解说1981年第三届世界排球锦标赛

中央人民广播电台、中央电视台，各位观众、各位听众，台湾同胞们、港澳同胞们、海外侨胞们，现在我们是在日本东京代代木体育馆向您现场直播第三届世界排球锦标赛中国女子排球队和日本女子排球队比赛的实况。陈亚琼把球托起，孙晋芳把球传给郎平。郎平腾空跳跃，她打了个超手球，打手出界，中国队夺回发球权……14∶15……10号陈亚琼发球，日本队后排把球打到网前……8号广濑扣球……中国队拦网……得分：17∶15！中国队胜利啦！……队员们都跑到一起，拥抱……中国队以3∶2战胜了日本队。中国女排的姑娘们打出了风格、打出了水平，她们奋勇拼搏，为祖国争得了荣誉，祖国感谢你们，人民感谢你们。各位观众，第三届世界排球锦标赛中国女子排球队和日本女子排球队比赛的实况就为大家转播到这里，是由宋世雄解说的，感谢大家的收看，各位听众，各位观众，再见！

黄健翔解说2006年世界杯意大利与澳大利亚的比赛

好的，过他，亚昆塔，唉！点球！点球！点球！格罗索立功了，格罗索立功了！不要给澳大利亚人任何的机会。伟大的意大利的左后卫！他继承了意大利的光荣传统。法切蒂、卡布里尼、马尔蒂尼在这一刻灵魂附体！格罗索一个人，他代表了意大利足球悠久的历史和传统，在这一刻，他不是一个人在战斗，他不是一个人！托蒂，托蒂面对这个点球。他面对的是全世界意大利球迷的目光和期待。施瓦泽曾经在世界杯预选赛的附加赛中扑出过两个点球，托蒂肯定深知这一点，他还能够微笑着面对他面前的这个人吗？10秒钟以后他会是怎样的表情？球进啦！比赛结束了！意大利队获得了胜利，淘汰了澳大利亚队。他们没有再一次倒在希丁克的球队面前，伟大的意大利！伟大的意大利的左后卫！马尔蒂尼生日快乐！意大利万岁！

贺炜解说2010年世界杯1/8决赛之英德大战

这是牵动人心的45分钟。在这场比赛之后，总有一支球迷热爱的球队要离开，而这场比赛本身，将成为我们记忆中的永恒财富。等我们老去的时候，在壁炉边抱着自己的孙子，一定会跟他们讲起2010年，讲起今晚的英德大战。……我们想想吧，此时此刻，在柏林，在慕尼黑，在纽伦堡，在科隆大教堂，肯定有无数的德国球迷为之欢欣鼓舞；而在伦敦，在利物浦，在曼彻斯特，在泰晤士河边的小酒馆，也有无数的英格兰球迷为之黯然神伤。不过，让我感到无比欣慰的是，在生命中如此有意义的时间节点，在今天晚上，电视机前的亿万球迷我们能够一起来经历，共同分享。这是我的幸福，也是大家的幸福。

六、能快速提高快语评球技能的极佳训练材料

介绍了快语评球口才训练法后，笔者再给大家提供一些训练材料，以便供朋友们在进行快语评球训练时使用。这些材料就是必须点评的精彩的10场足球比赛。值得说明的是，这些材料都是精心挑选的，都是训练口才的极佳资料，希望朋友们认真完成这次学习任务。（如果尚不具备快语评球的能力，可以先进行评说体操、评说武术的练习，然后再逐步过渡到评球练习。）

必须点评的精彩的10场足球比赛如下：

（1）第八届世界杯1/4决赛

时间：1966年6月23日

球队：葡萄牙vs朝鲜

比分：5：3

精彩指数：7

激烈指数：8

经典指数：7.5

点评：这场比赛成了世界杯足球赛中的经典。朝鲜队虽败犹荣，不仅为亚洲、非洲、北美洲国家争取到了一张世界杯正赛的入场券，而且在决赛圈中第一次打入了八

强，改变了世界足坛的等级制度观念，令世界足坛对亚洲足球刮目相看。而尤西比奥也使葡萄牙这个欧洲小国一跃成为欧洲足坛一支不可忽视的力量，他本人也最终以9个进球成为本届世界杯的最佳射手，他的名字也永远留在了世界球迷的心中！

（2）第十六届世界杯1/4决赛

时间：1998年7月3日

球队：巴西vs丹麦

比分：3：2

精彩指数：8

激烈指数：7.5

经典指数：7.75

点评：尽管惜败于巴西，但这场比赛真正地诠释了丹麦人童话般的创造力！在看惯了挪威人乏善可陈的冲吊、瑞典队死板的防守反击后，丹麦人却带给了我们童话般充满魅力的足球！

（3）第十届世界杯决赛

时间：1974年7月7日

球队：荷兰vs联邦德国

比分：1：2

精彩指数：8

激烈指数：8

经典指数：8

点评：虽然没有夺得世界杯冠军，但荷兰队的领袖克鲁伊夫以其出色的表现被评为最佳球员，而联邦德国队的穆勒虽然在本届世界杯中只有4个进球，但他在参加过的两届世界杯比赛中共进14球，成为迄今为止世界杯正赛史上进球最多的运动员。

（4）第十五届世界杯1/4决赛

时间：1994年7月9日

球队：巴西vs荷兰

比分：3：2

精彩指数：8

激烈指数：8.5

经典指数：8.25

点评：由于巴西队获得了一个距离球门30多米远的前场任意球，顶替莱昂纳多出场的老将布兰科以一记势大力沉的低平球，穿过人墙直入荷兰大门的死角！全场巴西球迷在沉默中爆发了！最终巴西队淘汰荷兰队涉险过关，时隔16年之后再次杀进了世界杯的四强！

（5）第十六届世界杯1/8决赛

时间：1998年6月30日

球队：阿根廷vs英格兰

比分：6∶5

精彩指数：8

激烈指数：9

经典指数：8.5

点评：两个富有戏剧性的点球，两个漂亮的进球，夸张的表演和年少轻狂的代价，以及惊心动魄的点球决战，一场比赛集中了那么多让人津津乐道的要素，在世界杯历史上绝对是少有的！

（6）第十三届世界杯1/4决赛

时间：1986年6月22日

球队：阿根廷vs英格兰

比分：2∶1

精彩指数：9

激烈指数：8.5

经典指数：8.75

点评：所谓“上帝之手”和“世纪最佳进球”早已成了广为流传的足球故事，而那都出自同一场比赛！在第十三届世界杯1/4决赛上，阿根廷和英格兰两个风格迥异的世仇球队在墨西哥城书写了一段令人难忘的历史。

（7）第十二届世界杯复赛

时间：1982年7月5日

球队：意大利vs巴西

比分：3∶2

精彩指数：9

激烈指数：9

经典指数：9

点评：中央电视台首次现场直播1982年世界杯，这是中国球迷第一次近距离地感受到世界大赛的冲击！在本届世界杯上，许多中国球迷纷纷找到自己喜爱的队伍，尤其是巴西队，更是成为当时中国球迷的最爱！在这场比赛中巴西队被淘汰出局后，许多中国球迷都流下眼泪；而济科手拿着已被撕碎的球衣，黯然神伤地走出球场的情景，更是让无数喜爱巴西、喜爱济科的球迷的心碎得像那球衣无法缝合！

（8）第九届世界杯半决赛

时间：1970年6月17日

球队：西德vs意大利

比分：3：4

精彩指数：8.5

激烈指数：10

经典指数：9.25

点评：在这场当年曾被称为“20世纪最精彩的比赛”中，最令人难忘的还不是那梅花间竹般的进球，而是足球皇帝弗朗茨·贝肯鲍尔带领西德队展示的那种钢铁般的意志！贝肯鲍尔在第65分钟肩膀脱臼，可是令人难以置信的是他没有下场休息，而是打上绷带，吊着胳膊继续驰骋战斗，直到比赛的最后一刻！比赛结束后，在墨西哥的烈日下激战了2个小时的双方队员都精疲力竭地倒在地上，而全场观众在一片沉寂中默默地向双方表达了无限敬意，因为这是一场男人间的真正较量！

（9）第十二届世界杯赛半决赛

时间：1982年7月8日

球队：联邦德国vs法国

比分：8：7

精彩指数：9

激烈指数：10

经典指数：9.5

点评：在残酷的点球决战中，有着钢铁般意志的联邦德国队笑到了最后！赫鲁贝什一脚定乾坤，联邦德国队以8：7的总比分击败法国队而闯入了最后的决赛！

（10）第十三届世界杯1/4决赛

时间：1986年6月21日

球队：巴西vs法国

比分：4：5

精彩指数：9

激烈指数：8

经典指数：8.5

点评：自1958年以后的30多年里，不论是哪届世界杯，巴西队从来都是夺冠的大热门，本届也不例外。而本届世界杯的另一大夺冠热门则是法国队，他们挟1984年欧洲杯冠军的余威，也想一品世界杯的美酒。双方的阵容更可谓豪华，巴西队中有济科、苏格拉底、法尔考、儒尼奥尔、卡雷卡、穆勒等一批球星，而法国队中有如日中天的普拉蒂尼，他与蒂加纳、吉雷瑟组成中场铁三角。更重要的是，这两支球队都是华丽地展示足球艺术的代表，他们所带来的赏心悦目的比赛，至今还令无数球迷难以忘怀。

第五部分

练思说

第九课 串词成篇，既能提高想象能力，又能提高语言组织能力

有学员曾跟我说："老师，你认为即兴演讲很容易，但我觉得，这个实在是太难了。上台之后，刚讲几句，我就不知道该如何往下接了。老师，我很想知道，有没有一些最基础的训练方法，既能锻炼语言组织能力，同时也能提高思维能力。"

这个问题非常好！确实，对于一些刚刚学习演讲的人来说，一开始就要求他们登台即兴演讲，针对某种现象或者某个事物去发表自己的独特见解，那就太为难他们了。同时，这样的训练方法也毫无可取之处，效果往往会适得其反。笔者就曾经听说过，有些口才培训机构，要求学员上台进行废话练习，也就是学员在台上想怎么说都行，但必须讲完三分钟才能下台。学员心里很清楚自己是在瞎说，这种训练方式无异于当众献丑。于是，不管导师怎么鼓励，许多学员死活都不肯上台去讲话。

既然让没有演讲基础的人直接上台即兴演讲是一个很不妥当的训练方法，那对初学演讲的人来说，为了以后能做好即兴演讲，应该先进行哪一种训练呢？由笔者独创的串词成篇练习就是一种非常好的训练方法。首先，这种方法能激发学员的学习兴趣，让学员踊跃登台发言；其次，它能促进学员展开丰富的想象，很好地锻炼学员的思维能力；最后，它还能提高学员的语言组织能力，让学员增强对学习演讲的信心。

因为串词成篇练习的好处非常多，所以，笔者在此对这种训练方法进行详细介绍。

一、什么是串词成篇

串词成篇就是经过一番思考之后，将随意给出的 8 ～ 10 个词语串成一篇口头作文。

看到串词成篇是这种训练方式之后，可能有些朋友很失望，就会觉得，这也太简单了吧！不可否认，串词成篇练习看起来确实有点简单，但对于初学演讲者来说，这个技能还是不容易把握的。另外，这种训练是分阶段的，刚开始虽然简单一些，但越往后面难度会越大，有些经验丰富的演讲者也不一定能搞得定，所以，希望各位朋友能认真对待。

二、这两种串词成篇训练方式你必须掌握

根据难易程度和篇幅长短，串词成篇训练可以分为以下两种方式。

1.口头造句

其实在读小学时，我们就曾经学习过口头造句，只不过在那个时候，老师的主要目的是培养我们的书面造句能力，而采取了这种过渡性的训练方式。故在当时，老师对我们的要求很低，训练方式也很简单。但现在，口头造句的目的是提高自己的口头表达能力，要做到既准确、迅速又有水平地将自己的想法给说出来。所以，现在的训练要求严格了，训练方法也更科学了。具体内容如下：

在造句数量方面。先从一词造一句开始，再逐步发展到一词造多句，比如一词造三句、一词造五句、一词造十句等。

在词性活用方面。先从该词的本义开始，利用发散思维造陈述句，接着，改变其词性或者利用其比喻义来造句。

在造句速度方面。刚开始造句时，可以先对某词慢慢思考，再造句。但训练一段时间之后，要做到一看到某词就马上能造句，既达到脱口而出的速度，又准确无误，同时，还要让人觉得这句话很有哲理。

为了更好地理解口头造句的具体训练要求和训练方式，下面，笔者列举两个典型

的一词造多句的例子供大家参考和学习。

例1：理想

本义造句：

①做一名光荣的人民教师是我的理想。

②猪为什么那么快乐，因为猪没有理想。

③让我们共同努力，把美好的理想变为现实。

④我们要做一个有知识、有理想、有道德的人。

⑤使人站起来的不是双脚，而是理想、意志和创造力。

⑥一个人不能没有理想，一个刚刚毕业的大学生更不能没有理想。

⑦为了能实现目标，暂时走一段与理想背驰的路，有时却正是智慧的表现。

⑧人生的理想千差万别，但古往今来，那些为个人利益而奋斗的理想总是渺小的，而为大多数人献身的理想才是伟大的。

比喻义造句：

①理想是激发人们奋斗的动力源泉，是照亮人生航船前进的光芒四射的灯塔。

②现实是此岸，理想是彼岸，中间隔着湍急的河流，行动则是架在河上的桥梁。

例2：职场

本义造句：

①职场中，难免会遇见一些口是心非的人。

②是继续考研深造？抑或是投入职场工作？我考虑了很久，还是举棋不定。

③在职场中，别和人比聪明，更不要比高调，比赢的人除了“死得快”之外，毫无用处。

④在职场中，请永远记住这句话：站在上司的立场想问题，站在自己的立场做事情。

⑤偶尔透露出自己的背景，也是在职场站稳脚跟的方法，但一定要保持适度的神秘感。

⑥一般来说，在职场上，第一要考虑的是自己的利益，第二要考虑的是上司的利益，最后考虑的才是公司的利益。

⑦上司是可以左右你职场命运的关键人物，他们是有权力令你难以生存的人，所以得罪他们，往往是成本很高的事情。

⑧把自己当成最聪明的人，往往是最笨的。在职场上总把自己当成最聪明的人，一定是做龙套的命。真正聪明的高手，是大智若愚，该精明时精明，不该精明时装傻。

比喻义造句：

①职场不是走秀场，而是斗兽场，比的不是谁更厉害，而是谁能生存下去，能活得更久。

②职场如战场，面对的是没有硝烟的战争。你只有三种选择：要么忍！要么狠！要么滚！

2.口头作文

口头作文，就是用说话来代替写作的一种练习。具体一点说，即运用口头语言，有中心、有条理地讲述某个生活片段，或叙述某种心情，或说明某个问题的作文形式。

口头作文的主要方式，一般是先给出一个题目，再围绕这个题目来讲述。这种作文方式，我们在读小学的时候，就已经学习过了。那时候，我们都比较害怕写作文，于是，老师先让我们从口头作文开始，毕竟“说”比“写”容易很多。但是，现在的训练方式改变了，不再是对某题目进行口头叙述，而是将一些词语串成一篇文章。所以相对来说，现在的训练难度就大了。那么如何把词语串成文章呢？下面对该训练方法进行详细的介绍。

第一步，让大部分学员依次说出一个词语。

请注意，学员所说的词语可以是名词、动词、形容词、成语或者短语，但词语的字数必须控制在2～8个。比如：挥霍；时尚；奥巴马；红艳艳；死去活来；一不做二不休；不到黄河心不死；一夫当关、万夫莫开；等等。因为词语的字数太少了，太容易了，就失去了串词训练的意义；如果词语的字数太多，就会增加训练的难度，不易将词语串成文章。

第二步，挑选8～12个词语。

在场的学员可能较多，有二三十人。如果让每个人都说出一个词语，就有二三十个，这样，词语就太多了。所以，导师一般会根据实际情况，一边让学员挨个说词语，一边将其写在黑板上，当词语的数量有十七八个的时候，就不再让学员继续列举词语了，同时还要擦掉其中的几个，让词语的数量保持在8～12个。至于会擦掉什么样的词语呢？尽量将意思相近或者关联度较高的词语剔除掉，目的是让剩下的词语更具多样性，更利于锻炼和培养我们的联想能力和思维能力。为什么只要8～12个呢？因为词语少了，就很容易将其串成一句话，不再是口头作文了；如果词语太多，就会增加口头作文的难度，短时间之内，不易将其串成一篇文章。

第三步，确定口头作文的主题。

当老师选定词语之后，学员们就必须开始思考了。首先，寻找这8～12个词语之间的共性及内在联系；接着，选择其中的2～3个词语为重点，并由它们的具体意思来确定口头作文的主题。

第四步，确定口头作文的文体。

确定了口头作文的主题，接下来就是要确定口头作文的文体。一般来讲，在口头作文中，我们选择的文体主要有三种：故事，散文，议论文。尤其是故事，更是我们进行串词训练的第一选择。至于其他文体，像诗歌、散文诗等，由于难度太大，一般不选用。

第五步，确定口头作文的结构。

口头作文的常用结构主要有如下四种：

总分式。也就是从整体出发，先说带有总括性的话，然后分别抓住各部分的具体情况，逐一讲述。这种结构，一般适用于议论性较强的口头作文。

要素式。就是按照时间、地点、人物、事件这四个要素来讲述。这种结构，一般适用于故事性较强的口头作文。

方位式。即根据事物的方位顺序来讲述。比如，从左到右、从前到后等。这种结构，一般应用于场景类的口头作文。

设问式。这是一种自己提出问题，自己回答的讲述方式。这种结构，一般适用于理论性较强的口头作文。

第六步，开始口头作文。

口头作文时，内容能够涵盖黑板上的8～12个词语就可以了，至于词语的先后顺序，是否跟黑板上所写的那样，这个并不做要求。

为了更好地理解口头作文的具体训练要求和训练方式，下面，笔者列举两个典型的口头作文例子供大家参考和学习。

【训练材料】

10个词语依次为：神父、修女、脏话、高尔夫、惩罚、不可思议、苍老、遥远、去你的、富翁。

【三大确定】

确定文体：看着这10个词语，发现其中的名词比较多。所以，马上意识到，想要把它们串成一篇散文或者议论文，几乎是不可能的，我们只能将其串成一个小故事。

确定主题：看到10个词语里面有“神父”和“修女”，我们可以从这两组词语入手，想方设法构思一篇神话故事或者爱情故事。

确定结构：确定好要讲一篇故事之后，口头作文的结构就可以定下来了，它是按照时间、地点、人物、事件这四个要素来讲述的。

【精彩案例】

例1：

我们都知道，打高尔夫是富翁们很喜欢的运动 。

但这一次，让人不可思议的是，在某高尔夫球场上，竟然出现了神父和修女的身影。

也许是以前从没玩过吧，第一次挥杆时，神父并没有打中球。于是，神父爆了一句粗口：“去你的，打歪了。”

在一旁的修女马上提醒他：“神父，你怎么可以说脏话呢？”

“对！对！对！不能说脏话。”神父一边应着，一边再次挥杆。可是第二次，神父还是没有打中球，神父再次爆粗口：“去你的，又打歪了！”

“神父，我已经提醒过你了，如果再说脏话，上帝肯定会怪罪的。”修女突然叫嚷了起来。

“对不起，下一次绝对不说脏话。”说完，神父第三次挥杆。这一次，神父果然没有爆粗口。但是，他还是没有打中球，反而把旁边的修女给打死了。

看到眼前的这种情境，神父赶紧下跪，并对上帝祈祷：“上帝啊，说脏话的人是我，不是修女，如果要惩罚，请您惩罚我吧！”

就在这时，从遥远的天边传来一个苍老的声音：“去你的，我也打歪了！”

例2

她的父亲是当地有名的富翁，拥有很多个高尔夫球场。他的父亲是一个普通的农民，仅有几亩薄地。他俩一块玩耍，一起长大。

18岁的那一年，他向她表白："我要娶你！"

她脸红了，低下头，说："那你跟我爸说，你敢吗？"

"有什么不敢，我现在就去找你爸！"

见到她爸后，他直接说出来了自己的来意。

她爸一听，笑了起来："我会把女儿嫁给农民吗？"

他明白了她父亲的意思：他没有资格。

离开她家之后，他直接到遥远的南方去了。离开故乡时，他在心里骂了一句脏话："去你的，我还会回来的。"

让人不可思议的是，6年后，他果然成了富翁，很风光地回到了故乡。

当他再次见到她时，他发现她怀里抱着一个小女孩。

他的世界瞬时坍塌了。他追问道："为何不等我？你这不是等于惩罚我吗？"

"要我等到什么时候？是不是要像修女一样，永不嫁人！"

"其实，我发誓不混出人样来绝不见你。"

"你在跟谁赌气呀？等你有钱了，就能将我买走是不是？其实，你就是一个俗人。如果当初你让我跟你走，我会的。"

他怔住了，百思不得其解，觉得自己突然苍老了很多。

他到教堂里去请教神父。神父说："她说得很对，你还是一个俗人。她不在乎你多有钱，因为她家里有钱，她在乎的是你是否有勇气。因为爱情也需要拼！"

三、能迅速提高串词成篇能力的三大要求

口头造句的相关要求，在前面已经讲过了，现在，我们主要讲一讲关于口头作文的具体要求。

1.要串成一篇小品文

也就是说，我们不是仅仅将这些词语串成一段话就可以了，还有一个更重要的要求，就是这篇口头作文必须体现出某种意义。

就拿上面的例子来说吧！“神父、修女、脏话、高尔夫、惩罚、不可思议、苍老、遥远、去你的、富翁”这10个词语，如果想用最短的篇幅将它们串起来，是很容易做到的。

比如下面这段话：

一位苍老的富翁和一个年轻的修女一起去打高尔夫球，被遥远的教堂里的神父通过望远镜看到了。神父觉得这件事太不可思议了，于是，他骂了一句脏话：“去你的，上帝会惩罚你们的。”

但是，这不是口头作文，因为它只是一段话，不是一个完整的故事，既没有体现出某种深刻的道理，也没有叙述某种情感。所以，这样的训练是不可取的。

当然，口头作文的篇幅也不是越长越好，理想的字数应该控制在350～500字。

2.不能生搬硬套

在口头作文的过程中，不可以为了能将词语串起来而生搬硬套，我们既要考虑到句子的通顺性，也要考虑到整篇文章的逻辑性。

3.要符合某种文体

这个要求也比较重要，也就是说，我们的最终作品，必须符合某一种文体，比如，成为一篇议论文、散文或者故事等。

四、能迅速提高串词成篇能力的具体训练步骤

串词成篇训练法的具体步骤一共有如下五步，现对其进行一一介绍。

1.列举词语

导师要求大部分学员说出一个词语。

2.筛选词语

导师要根据实际情况挑选出8～12个词语，并将这些词语写在黑板上。

3.开始口头造句

导师要求学员就黑板上的那些词语挑选出其中的一个并造句。由于时间有限，每位学员造一句即可。当然，如果某位学员造得不好，导师可以要求该学员重新造一句。

4.开始口头作文

导师要求每位学员将黑板上的所有词语串成一篇口头作文。

5.导师点评

无论是口头造句或者是口头作文，当学员完成作业之后，导师都要对该学员的具体情况进行点评。整场训练活动结束后，导师还要做总结性的点评。特别是在每位学员的优点方面，导师必须给予表扬并加以分析。导师这么做，不仅能增强该学员的成就感，还可以促进其他学员提高学习兴趣。

五、能迅速提高串词成篇能力的极佳训练材料

介绍了串词成篇口才训练法后，笔者再给大家提供一些训练材料，以便朋友们在进行串词成篇训练时使用。这些材料包括能提高口头造句能力的10个词语、能锻炼口头作文能力的10组词语。这些材料都是笔者精心挑选的，都是训练口才的极佳资料，

希望朋友们认真完成这次学习任务。

1.能提高口头造句能力的10个词语

①灵魂。

②母爱。

③财富。

④诚信。

⑤替罪羊。

⑥与虎谋皮。

⑦苛政猛于虎。

⑧胜不骄，败不馁。

⑨参禅何须山水地。

⑩指点江山，激扬文字。

2.能锻炼口头作文能力的10组词语

①大风；太阳；拼命；旅行者；躲起来；筋疲力尽；鹿死谁手；东倒西歪；翻起了波浪；让人想不到。

②画家；树叶；信念；秘密；感动；万念俱灰；永不凋零；瞧个究竟；病入膏肓；尘归尘，土归土。

③监狱；雪茄；美女；电话机；法国人；美国人；思考致富；愁眉苦脸；劳斯莱斯；思路决定出路。

④爱情；忠诚；寡妇；马路；有遗产；终身伴侣；举目无亲；至死不变心；婚姻介绍所；年轻又美丽。

⑤神父；祈祷；固执；快艇；胸口；很生气；直升机；见死不救；哑口无言；机遇无处不在。

⑥检测；极限；改变；生产；制度；降落伞；奇迹出现；厂家负责人；令人不可思议；合格率百分之百。

⑦喜鹊；鹦鹉；乌鸦；竹竿；小石头；流行色；点头称是；寒风凛冽；独自思考；主意真不错。

⑧黄牛；山羊；穷人；富人；种子；勤劳致富；满怀希望；三杯下肚；一贫如洗；失败者找借口。

⑨父亲；书法；废纸；天赋；无所谓；专心致志；最好的纸；机会珍贵；态度端正；生命不许打草稿。

⑩钱币；烧饼；洪水；小贩；山岗；交换；机会来了；饥肠辘辘；一天又一天；生不带来，死不带去。

第十课 自我介绍，既能提高思维能力，又能提高语言组织能力

有不少学员请教过这么一个问题：“陈老师，我很清楚即兴演讲是当众演讲中最难的一个模块，这一技能不易掌握。那么，学习即兴演讲，应该从哪类话题开始才比较容易上手？”

这个问题问得好！相比起备稿演讲，即兴演讲的难度就大多了，因为它没有事前准备，只是根据场合的需要，先在大脑里拟定一个大纲，上台之后全靠自己临时发挥。不过，话说回来，也并不是所有的即兴演讲都非常难，比如自我介绍，因为它讲的是自己最熟悉的话题，相对来讲，这个就容易一些。所以，想快速掌握即兴演讲的相关技巧，我们应该从自我介绍开始。当我们掌握了如何介绍自己之后，再去练习其他话题的即兴演讲，不但信心十足，而且还能做到触类旁通。

什么是自我介绍呢？自我介绍的通用模板，也就是常用公式有哪些呢？笔者现在对这种训练方法进行详细介绍。

一、什么是自我介绍

自我介绍就是通过口语向他人介绍自己有关情况的一种人际沟通方式。同时，自我介绍也是一种提高口才的有效训练方法。

相比前面介绍过的几种口才训练方法，自我介绍训练法的难度会更大一些。因为，无论是朗读法、背诵法、复述法、描述法、转述法、模仿法，还是口头评述、串词成篇，针对这些训练方法，笔者都已给出了训练材料，而自我介绍则要求学习演讲

的人自己挑选材料和组织语言。不过，自己的有关情况基本上自己都很熟悉，所以说，自我介绍的难度适中，是训练即兴演讲的极佳方法之一。

自我介绍所涉及的内容十分广泛，可以介绍你的年龄、籍贯、职业，也可以介绍你的特长、性格、理想、愿望，甚至还可以介绍你不平凡的经历、有趣的童年、家庭成员，等等。因此，根据不同的场合，在做自我介绍的时候，应该有所变化和突出，不能千篇一律。

二、自我介绍是打造个人品牌的极佳方式

在人际交往过程中，有一些东西是可以回避的。但是，作为职场人士，向别人介绍自己这件事情是永远回避不了的。

可以这么说，自我介绍既是我们与陌生人打开交流之门的一把钥匙，也是一种自我推销的极佳方式，无论是在社交活动中，还是在求职应聘的时候，都会经常用到它。比如在职场中，当我们第一次与陌生人见面时，首先要做的第一件事情就是向对方介绍自己。哪怕你是名人，也可能有人不认识你。例如，新闻工作者曹鹏博士就曾经因为忘了做自我介绍而尴尬过一次。

曹鹏博士在新闻界也是响当当的人物了。早在2001年，郑州大学的一位董院长就当着曹鹏博士的面在公开场合讲了这样一句："读新闻学专业的学生，如果不知道曹鹏这个名字，那他的新闻学专业就白读了。"

但有一次，因为工作的需要，曹鹏博士需要去北京大学替别人讲课。那是一个非常大的电化教室，坐了两三百名学生。曹鹏博士搬来一大堆图书资料，一上台就开始讲课了。那堂课，曹鹏博士讲得非常精彩，3个多小时，掌声一直不断。就在讲课结束后，走上来了一个学生，说："请问老师，您叫什么名字？"

这件事情过后，曹鹏博士总结：那次讲课虽然他没有收任何报酬，但却有很大的收获，就是让自己永远记住了，以后讲课的时候必须先做个自我介绍，不然累了半天，观众也叫好，结果连一个名字都没有留下来，那岂不是很亏？

曹鹏博士的故事告诉我们，自我介绍必须做，它确实是人际交往的一把钥匙。不过，笔者认为，这把钥匙还得看你怎么用。如果运用得当，那么可以让你充分展示自己的才能、素质和心态，在交友、择业、商务活动中游刃有余，畅通无阻。反之，就

有可能给自己带来很多不便。比如，下面这个例子。

在一次讲师特训班上，训练导师对台下的几十名学员说：“对于一个讲师来说，他的自我介绍是相当重要的，特别是介绍他自己的名字，更需费点心思。尽管说名字是父母起的，但品牌就要靠自己打造了。如果你能让听众在第一时间记住你的名字，那么，你的自我介绍就算成功了，你接下来的演讲也就顺利多了。在今天这堂训练课上，我也想听听几位讲师的自我介绍，看看谁的自我介绍最有新意，最能让人过耳不忘。”

导师的话刚说完，马上走上来了一位美眉。她说：“尊敬的林导师，亲爱的各位讲师，大家下午好！今天我想借这次机会，向大家介绍一下我自己。我姓王，三画王，我哥哥的名字叫王七，我弟弟的名字叫王九，如果我不说出自己的名字，你们能猜得到吗？”

“啊？不会吧，难道你的名字叫王八？”前排的一位帅哥有点不相信自己的耳朵了。

“你不会猜就别猜，人家的名字是三个字的。”美眉好像有点生气了。

“哇！那不是更巧了，三个字的话，刚好是王八蛋！”前排的帅哥小声嘀咕着，而其他学员也迷惑不解地望着她。

无奈之下，美眉只好用笔把自己的名字写在白板上，原来她叫作王七五，她还有七位哥哥和一个弟弟，分别叫作王一、王二、王三……王九，而她刚好排行第八。

当其他学员知道了这个名字的来历之后，马上明白了，她父亲只能给她起名叫作王七五，不可能让她叫王八。不过，其他学员也很纳闷，这样的名字能以这样互动的方式向听众介绍吗？难道没有其他更好的解释方式了？

王七五的故事再次让我们深深地体会到，如果不会介绍自己，不懂得怎样去解释自己的名字，可能会给自己带来很大麻烦的，它不但没有把自己的特色展现出来，甚至还可能引起别人的误会。

三、这两类自我介绍你必须掌握

有人说，当众自我介绍的目的其实就是塑造自己，宣传自己，引起别人的兴趣，引起听众的共鸣。所以，你不必谦虚，也不必害羞，而是勇敢地把自己推销给听众，告诉他们你的厉害之处。比如，你曾经创造过哪些令人叹为观止的业绩，你曾经干过哪些惊天动地的事。让听众听完你的自我介绍后，不自觉地发出一连串“哇！哇！哇！”的惊讶声。

也有人说，在众人面前介绍自己，是为了博得听众的好感，希望能给听众留下好印象，从而建立起自己跟听众之间的信赖感。所以，你尽量别向听众炫耀自己曾经取得过哪些“丰功伟绩”，也许这些所谓的骄人业绩在别人的眼里根本不值一提。你最好谦卑一些，含蓄一些，礼貌一些，也许这样才会让听众更加认同你。

但在笔者看来，这两种说法都有一定的道理，只不过是它们适用于不同的场合、不同的对象而已。同时，这也说明了自我介绍也不是一件很容易的事情，并不是上台来随随便便说几句关于你的个人信息就完事了。

为了能让初学演讲者在不同场合下所做的自我介绍更加妥帖一些，也就是更加符合自己的目的以及听众的期待，下面笔者试对职场人士所碰到的不同场合进行归类，总结出几种常用的自我介绍，并给每种类型设计了一个标准的发言模板。我相信，这些发言模板对大家在不同场合下到底选择哪种自我介绍方式，应该是有所帮助的。

1.社交式自我介绍

社交式自我介绍，还分为两种情况：

（1）一般性社交场合

比如，旅途中，宴会厅里，舞场上，通电话时，等等。这时候，双方不是很熟悉，或者相互根本不认识对方，而进行自我介绍只不过是为了确认对方的身份而已。

（2）正规性公众场合

比如，老乡会上，联谊会上，新同学、新同事见面会上，等等。在这种场合下，大家的发言机会是均等的，没有需优先发言的特殊嘉宾，而且需要进行自我介绍的人比较多，自我介绍就是为了让大家快速相互认识，也方便个人积累人脉。

2.工作式自我介绍

工作式自我介绍也分为两种情况：

（1）被动的场合

比如，求职面试。在这种场合下，自我介绍是其中很关键的一个环节，有很多面试官的第一个问题往往就是：“这位先生（小姐），麻烦您先简单自我介绍一下，好吗？”

可能有人会有疑问：面试中，用人单位为什么总喜欢采用自我介绍这种方式呢？其实，这种方式对双方都有利。用人单位可以借机了解求职者的个人信息，考查求职者的语言表达能力，核对求职者的能力跟岗位的匹配度；而求职者也可趁机主动向面试官推销自己，展现自己的能力。

（2）主动的场合

比如，讲座，报告会，培训会等。在这种场合中，你是主角，你要演讲的。如果有口才较好的主持人把你介绍给听众，效果肯定会好很多。倘若没有，并且你又不是什么大家，那你只能靠自己包装自己了。

可能有人会问：为什么这时候，不叫自我介绍了，而是叫自我包装了呢？因为这是自我激励的一种方式，既能改变自己对自己的看法，也会改变别人对自己的看法。尽管说自我介绍的时间仅有3分钟，但这3分钟相当重要，你的自我介绍是否精彩，你的人生经历是否特别，既是能否说服别人的关键点，也是别人是否愿意继续听你演讲的动力。

四、精彩的能让人马上记住自己的自我介绍模板

1.一般性社交场合，应该这样介绍自己

在旅途、宴会厅、舞场等场合，如果需要做自我介绍，内容一般少而精，有时候也可能仅仅是一句话而已。其模板也较简单，格式如下：

（1）称呼语、问候语

比如：“这位小姐，您好！”“李先生，您好！”

（2）名字

向对方报上自己的名字，并对自己的名字进行解释。

（3）工作

告诉对方自己的职业，或者自己所从事的行业。

（4）询问

即询问对方的名字，或者同时询问对方的名字及职业。

举例：

刘琳：“这位先生，您好！我叫刘琳，刘德华的刘，关之琳的琳，是从事人力资源管理工作的。请问：怎样称呼您？”

李邦：“李小姐，认识您很高兴！我叫李邦，李世民的李，刘邦的邦。目前我在市劳动局工作，希望我们能成为好朋友。”

2.正规性公众场合，应该这样介绍自己

在老乡会，联谊会，新同学、新同事见面会等场合，如果需要做自我介绍，就不要过于宣扬自己的能力，不要在这种场合推销自己公司的产品，而是要含蓄一些，要有人情味。当然，这种自我介绍的难度也相对大一些，经常会出现这样的问题：自我介绍的内容不够吸引人，没有新意；说得平铺直叙，没有特色；给人的感觉是轻描淡写，不够真诚；等等。那么，结果往往是你已经自我介绍完了，别人也把你给忘了，而你还埋怨别人没有记住你，没有重视你。

在这种场合之下的自我介绍，对结构的要求较高，其模板如下：

（1）称呼语、问候语

常规采用二级称呼语。比如：“各位领导、各位来宾，大家晚上好！”“女士们、先生们，大家下午好！”“各位帅哥、各位美女，你们好！”

有时候也采用三级称呼语。比如：“尊敬的陈总、各位领导，同事们，大家下午好！”为什么要采用这种称呼方式呢？是因为这时候最高领导也在场。

当然，有时候也会用一级称呼语。比如：“大家下午好！”“你们好！”但这样的称呼语，显然不是很规范，所以比较少用。

另外，我们在使用二级或者三级称呼语的时候，有一点值得注意，就是这些称呼语都是配对出现的，比如，女士们会配上先生们，并且女士们会在前面。不要把它们拆散了，比如：“各位先生，各位朋友，大家晚上好！”同时，也不要弄出语法错

误，比如：“各位同学们，大家好！”

（2）过渡语

比如：“认识大家很高兴，下面我简单地介绍一下自己……”或者说：“非常感谢主持人给我一个机会，向大家介绍一下关于我自己……”或者说：“非常高兴今天能在这里认识大家，能够站在这里和大家一起分享，首先要感谢我的父母……”

（3）名字

报上自己的名字后，必须对自己的名字进行解释，不然别人会记不住。比如：“我叫李熙，李世民的李，康熙的熙。”由于名字的解释方法很多，因此，这一条放在后面单独讲解。

（4）家乡

说出自己的家乡后，最好用一句话来概括家乡的特色。比如：“我来自广东雷州，你们在深圳所吃到的雷州狗肉，就是我的家乡菜。”

（5）工作

因为这个是社交式自我介绍，所以，简单描述一下自己的工作、职务、行业即可，千万别为自己的公司或者产品进行现场推销。比如说：“我是卖保险的，如果谁需要买保险，赶快找我。”这样的话，听众肯定很反感，当然，你可以隐形推销。比如说：“我是一名理财顾问，对股票的走势很感兴趣，如果现场有这样的朋友，我们可以私下一起交流。”

（6）其他

可以说说自己的爱好、性格，上台的目的，也可联系现场情况自由发挥。不过，这些都是根据自己的需要而临场发挥的。

比如说：“我这个人很喜欢交朋友，我认为多一个朋友，就多一个世界。我人生的信条是，把你的烦恼告诉朋友，你就会发现烦恼减少一半；把你的快乐告诉朋友，你就会发现快乐倍增。”

（7）祝福语

这一条非常重要。如果说用的称呼语、问候语得当可表现出你很有礼貌、很有内涵的话，那么，祝福语得体就可表现出你很有爱心、很会关心他人。

虽然说，从来没有人会去拒绝祝福语的，但是，应尽量少说一些大家都熟悉的祝福语，比如：“最后，我祝在座的各位，身体健康，工作顺利，万事如意。”

同时，祝福语最好跟你的身份或者现场氛围相关，不要突然很生硬地冒出一句话，让大家措手不及。比如：“最后，还是祝愿大家家庭和和睦睦，事业红红火火吧！”

还有，祝福语最好要有创意，比如，刚才你已经说到自己在水务局工作了，祝福语可以这样说：“最后，我祝愿深圳的天更蓝，水更清，人更美。谢谢大家！”

另外，最后一句话更重要，就是当自己的祝福语一说完，赶快说：“谢谢大家！”并且在说这四个字的时候，音量一定要提高。因为这样的话，现场气氛就会活跃一些，可能会有一些听众为你的真诚祝福而报以热烈的掌声。

（备注：这种场合下，每个人自我介绍的时间控制在30～90秒，最好不要超出2分钟。在介绍内容的7个要素之中，你有可能不一定全部说到，但是，在自我介绍的过程中，名字是一定不能说漏掉的。）

当然，自我介绍的格式不一定非要按照上述的先后顺序，刚才所介绍的模板仅供你参考。我记得有一次，一个小女孩上台后，先唱了几句山歌，接着跟大家互动一下，问在座的各位是否知道这首歌的出处，最后才报出自己的家乡，自己的名字……当然，她这个自我介绍是相当成功的，因为大家都记住了她的名字，记住了她的歌声。

例1：演讲特训班新同学见面会的自我介绍

尊敬的各位老师、同学们，大家晚上好！

很高兴能在这里认识大家，很有缘能跟优秀的各位一起学习成长。下面我简单地介绍一下自己，我叫唐汉清，唐朝的唐，汉朝的汉，清朝的清。据我父亲说，他因为出生在祖国受外国欺负的那个年代，于是就给我起了这么一个很霸气的名字，他希望新中国像历史上唐朝、汉朝、清朝初期那么强大。

我来自六朝古都——西安。西安是一座国际化的旅游城市，如果有哪位同学想到西安旅游，看看秦始皇兵马俑的话，可以找我当导游，我很乐意效劳。

大学毕业后，我到深圳已经15年了，我见证了改革开放后，深圳发生的翻天覆地般的变化。同时，我也从过去一名普通的基层员工，成为现在一个部门的负责人。

自从当了部门领导之后，我发现口才很重要。因为一个好的领导，不光是会想、会做，同时还要会说。当意识到表达能力不够强会成为自己领导能力提升的瓶颈之后，我果断地报读了当众演讲特训班，并成为这个大家庭的一员。

有一句话是这么说的：百年修来同船渡，千年修来共枕眠。今天有缘跟优秀的各位一起学习，我相信上辈子，我们最少也修炼了50年，大家说，是不是？

最后，祝这个演讲特训班越办越好，我们每一位同学都能突破自己，练好口才，梦想成真！

谢谢大家！

例2：平安保险公司新同事见面会的自我介绍

各位领导，同事们，大家早上好！

我叫康保春，健康的康，保护的保，青春的春，连起来就是身体健康，永“保”青春。我来自孙中山先生的故乡——广东中山。

2002年，我从暨南大学毕业并获得硕士研究生学位，之后一直从事教育工作。一次偶然的机会，我接触了平安，才真正认识到保险的内涵，真正认识到人生的价值。于是，我毅然辞去以前的教育工作，全身心投入保险事业，以便为更多的人与家庭带来保障，送去平安。

保险营销是一份传递爱心的事业，在生活中各种事故都有可能发生，正所谓意外无处不在。不过，我们可以将这样的风险有效地转移给保险公司，让自己有个保障，同时也对身边的亲人尽一份责任。

据调查，顾客购买保险要考虑三个问题：第一，选择一家实力较大的保险公司；第二，这份保单是否适合自己；第三，业务员的服务。而我为人真诚，非常乐意帮助别人，我相信自己一定能为每一位客户提供优质、专业的服务，并成为他们的理财顾问。

另外，我一定好好地向在座的各位前辈虚心学习，同时我也坚信你们也会很乐意帮助我，让我更快地成长。

2012年已经快到来了，最后，祝福各位同事在新的一年里，事业如芝麻开花——节节高。

谢谢大家！

例3：在“蜀秀礼仪小姐大赛”决赛中的自我介绍

唐代大诗人白居易有一首诗：“江南好，风景旧曾谙。日出江花红胜火，春来江水绿如蓝。能不忆江南？”我的名字就是“能不忆江南”中的“江南”。

哭，伴随我降临到这个世界上，而微笑，却陪我走过了21个春秋。小的时候总有很多梦想，我曾向往塞纳河的潺潺流水，也曾向往卢浮宫的艺术珍藏。长大以后，我如愿地考上了四川外国语大学法语系，去继续追求这个美丽的梦想，我相信好梦成真！

Mesdames et Messieurs，Bonsoir！［（法语）女士们，先生们：晚上好！］

我热爱艺术，热爱大自然，热爱它们的灵韵，热爱它们的博大浩渺，更热爱它们的崇高的结晶——美！一个社会需要美，一个民族需要美，一个国家需要美，一个人也需要美。需要美的外表，更需要美的心灵、美的情操。追求美是人类的高尚行为，高尚的美都应该被追求。我来参加这次“蜀秀礼仪小姐大赛”，就是为了追求美，展示美和学习别人的美。

同时，我觉得，作为一个大学生，应该投身于时代的潮流，接受社会的检验，接受一切挑战和机遇。如果说经过风吹浪打的水手能战胜大海，那么，我愿把社会当成大海，用它的每一朵浪花磨炼出坚强的自己。春风又绿江南岸。愿美的春风吹遍神州大地的每个角落，吹进你的心中。

谢谢大家！

3.求职面试时，应该这样介绍自己

面试时，自我介绍的时间很短，一般最多3分钟。作为求职者，怎样才能在这么短的时间内，给面试官留下一个好印象呢？根据笔者的经验（笔者曾经面试过许多人，也曾经被面试过许多次），建议采用如下模板：

（1）称呼语、问候语

面试的时候，被称呼的对象是特定的，就是各位考官或者各位老师。所以，称呼语、问候语基本上也是固定的了。例如：“尊敬的各位考官，早上好！”或者：“各位考官，你们好！”

（2）你是谁

自我介绍的第一步就是要告诉面试官你是谁。关于“你是谁”的个人信息很多，但你必须选择其中较重要的，能突出个性的，跟岗位匹配度高的因素。比如，在名字、年龄、籍贯、教育背景、爱好特长和个性等6个因素中，笔者认为，名字和爱好特长更加重要。

如果你能个性化地介绍自己的名字，不仅能引起面试官的注意，而且还可以使面试的氛围变得轻松。例如：“我叫邵飞，谐音‘少点是非’，父亲给我取这个名字，就是希望我以后在工作和生活中少一些是非。”“我叫俞非鱼，俞伯牙的俞，非鱼则出自《庄子·秋水》中‘子非鱼，安知鱼之乐’这句话，父母亲希望我过得像鱼儿一般逍遥自在。”

如果你能有针对性地介绍自己的爱好特长，就更能引起面试官的关注。例如，作为应届毕业生，你应聘的岗位是管理培训生或者储备干部，而你是这样告诉面试官，说你从小喜欢跟人打交道，在学生时代参加过很多次校团委干部竞选并都能如愿当选，我相信你的求职面试成功率会高很多。

（3）做过什么

做过什么，代表着你的经验和经历。在这里，你介绍与应聘职位密切相关的实践经历即可。如果是应届毕业生，那你的陈述就应该包括校内各种组织活动、相关的兼职和实习经历、社会实践等；如果是已经工作多年的职场人士，那你的陈述就要包括前几家单位的工作经历、工作经验。不过，最近一家单位的工作经历要说得详细一些。

值得注意的是：在介绍的过程中，你最好讲清楚这些经历的确切时间、地点、担任的职务、工作的内容等，因为这样就会让面试官觉得真实、具体、可信。当然，也许你的经历有很多，在这么短的时间之内，你不可能做到，也不允许做到面面俱到，但那些与应聘岗位无关的内容，就算曾经让你引以为荣，也只能忍痛割舍。

（4）做成什么

做成过什么，代表着你的能力和水平。对于这一部分内容，面试官是会仔细听的。因为面试官主要通过求职者过去的工作经历，判断他选择本企业的原因，并预测他以后在本企业中可能采取的行为模式。同时，面试官还通过了解应聘者过去工作经历中的一些关键细节，来判断应聘者的胜任能力，面试官是不会轻易相信应聘者对自己的评价的。

所以，你介绍与应聘岗位所需能力相关的个人业绩即可。同时，你在介绍个人业绩的时候，需要注意如下几个问题：

要重点介绍那些能体现自己能力的内容，不要说流水账。

业绩要跟所应聘岗位需要的能力匹配。如果你应聘的是人事经理，就不需要介绍你当年的销售业绩是怎样的惊人，尽管你曾经是一名销售冠军。

要重点介绍“你自己”的业绩，而不是团队的业绩。因为用人单位要招聘的是“你”，而不是“你们”。

在介绍业绩的时候，不要用定性的“很好”“很多”等形容词，也不要用模糊的“大概”“基本”“大约”等副词，要以具体数字说话。例如：“2010年的7月，我卖出去了20辆汽车。”

在介绍自己取得的业绩的具体过程中，最好说说你的工作体会。例如：“在公司第一次推行绩效考核的过程中，我碰到了很多想象不到的困难，不过，这些困难最终还是被克服了，我从中学到了不少东西。”这么一来，面试官肯定还会继续追问你，到底碰到了哪些棘手的问题，到底是怎么解决的。那你就可以进一步阐述具体的细节，体现自己处理问题的能力了。

（5）想做什么

想做什么，代表着你的理想和潜能。在这个部分，你可以介绍自己对应聘岗位、行业的看法和期待。同时，你也可以说说自己对工作的兴趣和热情，自己的未来职业规划，等等。例如：“我觉得这是一个朝阳的行业，并且这个岗位很锻炼人，我愿意在这个岗位上待个三五年。”

（6）结束语、感谢语

对于这部分的内容，可以用一句话来总结。比如：“我的自我介绍完毕，谢谢！”

（备注：如果面试官没有特别强调的话，那自我介绍的时间以三分钟左右为合适。在这三分钟之内，笔者认为应该这样来分配时间：第一分钟主要介绍自己的姓名、年龄、籍贯、学历、专业、爱好；第二分钟主要介绍个人经历、个人业绩及成果；第三分钟可谈谈对应聘职位的看法和对自己未来的职业规划。如果面试官特意强调，时间仅有1分钟的话，那刚才的发言内容就按比例缩减。）

另外，求职者在陈述的过程中，声音要洪亮，但音调不能太高，语速以每分钟180～220字为宜。因为这样的表达可以让对方感到舒服，同时也能更有效地传递信息，增加面试官对你的印象分。

例1：应届毕业生应聘人事专员职位的自我介绍

各位面试官：

你们好！

能够劈波斩浪，从众多应聘者中脱颖而出，进入面试这一关，自信心让我感觉到离成功的距离又近了一步！坦率地说，我是为自己的理想而奋斗的，就算失败了，我也不会后悔，因为我有收获了！

我叫毛小涛，毛泽东的毛，邓小平的小，胡锦涛的涛。我学的专业是人力资源管理，今年6月毕业于华南师范大学，今天来面试贵公司人事专员这一岗位。

在校期间，我一直信守做事尽心尽力的原则，努力学习文化知识，刻苦钻研专业技能，积极投入实践活动，全面充实和发展自己并取得了一定的成绩。

通过四年的专业学习，我深深地喜爱上了自己的专业。专业的学习让我熟知人力资源管理有六大模块，包括人力资源规划、招聘、培训、绩效薪酬、员工关系等方面的知识。同时，经过努力我还拿到了国家英语四级证书、计算机一级证书、人力资源管理师三级证书。

此外，我积极参加社会实践活动，通过参加一系列校内外活动，我逐渐掌握了与人交往和沟通的技巧，学会了如何使自己处于一个融洽的人际关系中。特别是作为工商管理系的宣传部部长，我曾经组织了几场大型讲座，邀请知名企业的HR总监（人力资源总监）到学校给本系的同学讲人力资源管理实战课程，例如，“应届毕业生如何做好自己的职业生涯规划”等。

在四年的学习中，我不仅锻炼了自己的工作能力、组织能力，更在老师的教育下懂得了如何做人。坚强自信的我，会勇敢地迎接挑战。21世纪什么最值钱，当然是人才，经营企业就是经营人才，而人力资源部的工作就是为公司量产人才。

我真诚希望自己能成为贵公司的一员，虽然我不是最优秀的，但我一定是最尽力的。如果我获得了这份工作，我将会很努力地去做好它，我希望各位面试官能给我一次机会，不求做得最好，只求做得更好！

谢谢你们！

例2：四川省旅游形象大使选拔赛选手的自我介绍（一分钟）

巴蜀大地多俊秀，天山南北好风光。各位老师，你们好！我是来自四川文理学院的新疆籍学生杨丽玄。

在校时我潜心遨游于知识的海洋，放假后我渴望穿行在祖国的大好河山。我愿意用我青春的热情、靓丽的风采和博大的爱心，把四川的旅游资源推向神奇的帕米尔高原，因为巴蜀儿女和新疆人民都拥有同一个母亲，她的名字叫中国。

请你们支持我！谢谢！

例3：应聘项目经理的自我介绍

各位考官，下午好！我叫秦颂党，秦始皇的秦，歌颂的颂，共产党的党，连起来就是秦始皇歌颂共产党。我今年29岁，2005年7月毕业于华侨大学计算机科学与技术系，毕业至今一直供职于厦门力泰科技有限公司，从事基于J2EE企业信息化管理系统的开发，目前的岗位是项目经理，负责带领一个3～5人的小团队进行系统开发。

自从参加工作以来，本人先后独立或主持开发过十几个企业信息化管理系统。其中，美好电力有限公司的电费充值卡管理系统、永生集团的人力资源管理系统以及移动办公管理平台，这三个系统自运行以来深受使用单位的一致好评，为企业节约了人力成本，提高了工作效率。

本人对软件开发具有浓厚的兴趣，工作之余经常钻研技术，关注IT技术的发展趋势。对业务需求分析比较透彻，在客户端界面操作的易用性上考虑得比较周全。工作至今，我从一个学徒成长为项目工作组成员，再到现在的项目经理，这几年的提升已让我具备了系统开发独当一面的能力，而且已连续两年被评为企业优秀员工，这不仅是因为本人在工作岗位上长期本着刻苦努力、虚心好学的态度，也是领导、师傅耐心教导的成果。

本人优点：具备丰富的工作经验、扎实的技术能力以及优良的代码编写能力，刻苦认真、虚心好学，对业务需求分析比较透彻，不仅能够独立完成任务，也能带领团队完成任务，具有良好的团队协作精神和沟通能力。

本人缺点：在带领团队完成项目的时候，有时会因为太过和善而显得魄力不足。

以上就是我的自我介绍，谢谢大家！

4.在演讲场合，应该这样介绍自己

在做讲座、做报告、做培训等场合，演讲嘉宾是需要做自我介绍的。

请注意，在这种情况下，你不必谦虚，也不必羞于启齿。你一定要把这次演讲对听众的好处说出来，一定要勇敢地宣传自己。同时，更要把自己最珍贵的个人经验拿出来跟大家分享，因为人们爱听故事，尤其是个人真实的故事。当然也只有这样，观众才不会说你是王婆卖瓜——自卖自夸。

这种自我介绍的目的是塑造个人形象，跟前面所介绍的几种不一样，模板如下：

（1）称呼语、问候语

这个要根据场合的需要。例如："各位老师，同学们，下午好！"或者："各位专家、各位同行，你们好！"

（2）姓名、家乡

告诉观众你叫什么名字，你来自哪个地方。

（3）演讲目的

告诉观众你即将给大家带来多少"令人兴奋"的好消息和资讯。

（4）介绍自己的过去

可以介绍你曾经的失败，你曾经的困惑，你曾经的无奈。当然，也顺便提一提你过去有过哪些"不可思议"的经历，干过哪些"惊天动地"的大事，创造过哪些"令人叹为观止"的业绩。目的是不断回顾过去，总结经验，抛砖引玉，激励观众。

（5）介绍自己的现在

因为你的真诚，你的执着，现在你结交了多少好朋友，积累了哪些人脉。而你现在是在做一件有意义的事情，有很多人（家人、朋友、贵人、名人）都在背后支持你。

（6）介绍自己的梦想

你所做的事情，尽管还没多少人理解，但你很快乐。你甘当默默无闻的老黄牛，一步一步地去实现自己的梦想和完成人生的使命。

（7）现场互动

比如，你向观众喊："掌声能不能更加热烈一些？"

举例：××××教育集团创始人×××先生在四川大学演讲时的自我介绍

各位朋友，大家早上好！

非常高兴，今天来到四川大学和大家一起分享交流。在分享之前，首先给大家讲一个小故事。

2002年秋天，有一个跟在座的各位朋友一样的年轻人，考进了他梦寐以求的大学。但遗憾的是，当时他身无分文。因为他来自一个贫苦的家庭，他还有3个弟弟，他的父母要同时供4个孩子上学。我想问一下在座的各位朋友，一个贫苦家庭同时供4个孩子上学容易还是不容易？（不容易）所以这个年轻人，他决定通过自己的努力来完成自己的大学学业。

尽管他当时一无所有，但这个年轻人对自己的前途依然充满了自信，他相信自己的大学生活一定很美好，他相信自己的人生一定很精彩。于是，他每天早上6点钟起床后，第一时间跑到学校的操场上，鼓励自己："我一定要成功，我一定要在大学毕业时赚到10万元。"然后，他伸出自己的左腿，"唰"！再伸出自己的右腿，"唰"！接着继续大喊："这是多么美好的一天啊，充满了爱、自信、能量、力量。"在座的各位，你们认为这个年轻人在大学毕业时会不会赚到10万元？（会）恭喜大家答错了，正确答案是不会的，因为他赚了100万元。大家要不要给他掌声鼓励一下？（掌声）

这个年轻人大学毕业后，做了一个让所有的人都不敢相信的决定，竟然放弃了原来的公司，选择演讲事业。而为了自己的事业，他花费了20多万元去学习世界大师的成功资讯和演讲技巧。

2007年3月，他开始自费到全国高校巡回演讲。到2009年底，短短的3年时间，他走过了中国20多个大城市，演讲了500多场，激发了无数大学生的创业激情。曾经有大学生说："作为一名大学生，如果一生没有听过他的演讲，将终生遗憾；如果一生只听一次，将遗憾终生。"然而，当他演讲结束来到北京的时候，他身上仅剩下了3000元。

于是，他只好利用这3000元重新开始创业，一个月过后，公司成立了，并在公司成立的当天，营业额就达到了20万元。各位，你们知道这个年轻人是谁吗？他叫什么名字吗？

所以，各位，今天我将大学4年的创业经历、3年花了20多万元去参加各种培训课程所学到的成功资讯，以及现在创业的一些心得，毫无保留地跟大家分享，让你们在原有的非常优秀、非常成功的基础上迈向更大的成功。大家说，好不好？（好）

各位，如果今天你们的掌声更大些，尖叫声更响些，通常情况下，我的成功经验给大家分享得就更加彻底。据说，掌声的速度、尖叫声的速度跟成功的速度是成正比的，你们要不要再次给我热烈的掌声鼓励一下！（掌声！尖叫声！喔！Yes）

（注：刚才的自我介绍方式，在校园里是可以采用的，因为演讲者面临的都是思想单纯且还没踏上社会的学生。但如果是在校园外的公众场合，而台下听众的身份又非常复杂，那这种方式就不太适合了。）

五、必须进行自我介绍的三种场景

讲解了自我介绍这一口才训练方法后，接下来请朋友们就这三种场景进行自我介绍训练。

（1）在商务活动中，一句话介绍自己。

（2）在求职面试中，一分钟介绍自己。

（3）在做讲座场合，三分钟介绍自己。

第六部分

练思讲

第十课 即兴演讲，既能提高应变能力，又能提高口头表达能力

笔者发现，在工作和生活中，大部分的演讲都是即兴的，比如，在亲友婚礼上发言，在朋友生日聚会上讲话，在员工面前讲话，向老板汇报工作情况，向客户介绍公司项目等，都属于即兴演讲。

也正是由于需要即兴演讲的场合非常多，并且场合的性质又相差甚远，因此就有很多学员向我请教这么一个问题：即兴演讲有没有通用模板？如果没有，那每一种场合有没有可借鉴的写作公式？

这个问题非常好。既然即兴演讲没有事前准备，仅是根据场合的需要，上台后全靠自己临场发挥，那么，就可能存在着发挥失常的情况。但如果我们现在有一个或者多个通用的模板，临时发言就不可能会出现荒腔走板的情况了。

所以，笔者不仅要给大家介绍什么是即兴演讲、即兴演讲有哪些注意事项，更重要的是，我们还将一起探讨，在一些常见的场合下，为了让自己的演讲更加出彩，我们的演讲思路应该如何展开？具体步骤包括哪些？

一、什么是即兴演讲

即兴演讲也叫即席演讲，是指在没有准备或者没有充分准备的情况下，演讲者对演讲的事物、场面、情景有所感触，当场所发表的演讲。

在这里，即兴演讲有两层意思。其一，它是演讲者兴之所至，有感而发；其二，它是在演讲者没有准备、没有讲稿的情况下所进行的演讲。

即兴演讲既没有讲稿也没有提纲，更没有背熟的台词，全靠利用大脑中的材料，现场捕捉信息，边想边说，还要求做到重点突出、主次分明、条理清楚、说服力强，这就有一定的难度了。因此有人说，即兴演讲不但需要多方面的知识素养，而且需要敏捷的思维能力、应变能力和快速的语言表达能力，即兴演讲可谓语言表达中的最高形式。

经笔者总结，即兴演讲的特点有如下三个：

主题集中，针对性强。一般是对眼前或者当下的事物、场景有感而发，因此演讲内容比较集中，无论是叙述或者议论，都必须求准、求精、求新。

开门见山，直抒己见。一般不会转弯抹角，刻意铺陈，而是少绕弯子，直奔主题，表明看法并提出个人见解。

短小精悍，生动活泼。即兴演讲追求的是篇幅短、接地气，它以趣味性、知识性两者合一而备受听众的欢迎。

二、这两类即兴演讲你必须掌握

根据性质的不同，即兴演讲可分为社交型和比赛型两大类。

1.社交型即兴演讲

社交型即兴演讲是在特定的场合中，以特定的身份、针对特定的事情和特定的听众而发表的即兴演讲。根据发表演讲的动机，我们继续把社交型即兴演讲继续分为主动式和被动式等两种。

主动式。本来演讲者是没有演讲欲望的，但是被特定的场合或者有争议的主题诱发、有了感想，形成不吐不快的欲望，因而主动站出来即兴演讲。比如，在某协会成立之后的第一次会议上，大家都踊跃发言，探讨怎么做才能让本协会办得更好。再如，在公司新产品开发的头脑风暴会议上，针对产品应该具有哪些功能才能卖得更多这个问题，大家都抢着发言。这些情况，都属于主动式即兴演讲。

被动式。这种情况是演讲者压根没有发表演讲的欲望和冲动，纯粹是客观原因或者场合的需要，演讲者本人又不好推辞或者推辞不了，只好硬着头皮即兴演讲。比如，在某场聚会上，主持人要求每位嘉宾都要自我介绍。再如，在同学会上，班长要求每位同学都要讲几句话。这些场合的发言，都属于被动式即兴演讲。

2.比赛型即兴演讲

比赛型即兴演讲实际上是一种命题式的口头作文，一般来讲，它比社交型即兴演讲的难度更大一些。比如，礼仪小姐决赛场上的命题演讲，集体面试中的现场答辩等，都属于比赛型即兴演讲。

无论是主动发表的、被动进行的社交型即兴演讲，还是比赛型即兴演讲，它们都具有无法事先准备且不可回避、临时决定的特点。不过，值得庆幸的是，这类演讲一般都是篇幅短小的。所以，笔者的意见是每当遇到这些场合，借助固定的10多个套路（也就是常用的即兴演讲模板），提前背好10来句话，就完全可以应付这类演讲了。常用的即兴演讲模板如下。

三、简单、经典的即兴演讲模板

由于即兴演讲的类型有比赛型和社交型两大类，因此即兴演讲的通用模板也有两大类。一类仅有一套模板（也叫通用模板），是为比赛型即兴演讲量身定做的，当然，它也可以运用于社交型即兴演讲；另一类有多套模板（也叫专用模板），它是为在不同场合之下的社交型即兴演讲而设计的。

1.杀伤力超强的枣核形即兴演讲通用模板

在这里，所谓的即兴演讲通用模板，说白了就是将即兴演讲的结构固定了下来，看上去很像一个枣核（见图11-1），其核心部分为三部分+三论点，其主要内容如下：

（1）在任何时候，即兴演讲的结构都是由三部分组成的

即兴演讲的结构是：开头（第一部分）、主体（第二部分）、结尾（第三部分）。不能是两部分，也不能是四部分以上，因为只有三部分才能刚好构成“总一分一总”这种结构。

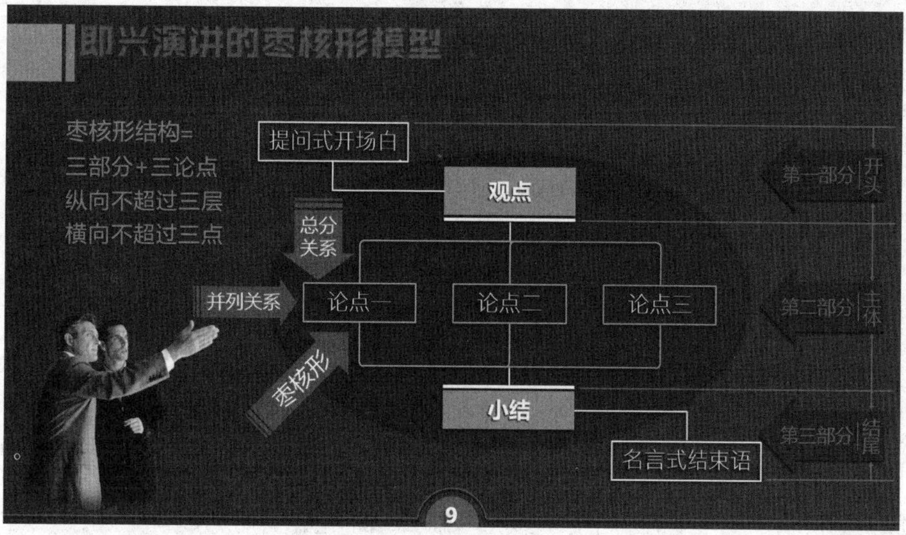

图 11–1

（2）开头部分，主要做好两件事情：提问题和下结论

也就是演讲者上台进行即兴演讲时，首先向听众提出一个与演讲主题密切联系的问题；接着，演讲者对所提出的问题进行回答，并抛出自己关于某事物、某现象的看法或者结论。

可能有读者会有疑问：开头部分为什么要采用提问式开场白呢？因为这种开头方式的好处非常多，经笔者总结，好处有如下几点：

第一，引起听众注意，让听众的注意力集中在讲台上。你完全可以想象到这种画面：演讲者开始发问之后，一些听众马上抬起头来，朝讲台上看去，不再盯着自己的手机。

第二，转移听众焦点，让焦点从演讲者身上转移到问题上。一般来讲，当演讲者登台之后，很多听众的关注点一般都在演讲者的身上，颜值怎样啊？海拔多高啊？当演讲者开始发问之后，听众就不再只顾留意演讲者长得怎么样了。

第三，引发听众思考，让听众从被动听讲变为主动思考。可以这么说，如果听众愿意配合并积极思考演讲者所提问题的话，那么，这将会大大增加听众对演讲内容认知的深度和广度。

第四，提高学习效果，让听众更好地吸收知识。一般来说，参与者比旁观者收获更多。

第五，把演讲变为沟通，让演讲主题更能深入人心。一般来说，“讲”是单向表达，如果演讲者在演讲中加入了“问”这一环节，那演讲就从单向表达变为双向沟通了。演讲者这么做，演讲就成了聊天，不但让听众更容易接受，而且无形中增强了演讲者的亲和力。

（3）主体部分，要分成三点来展开论述

比如，三个方面、三个理由、三点建议、三点感想、三种方式、三条途径，等等。同时要加上次序词语，以便让内容更显条理化。比如，“第一、第二、第三”“首先、其次、最后”，等等。

为什么论述部分只采用三点而不是两点或者四点以上呢？理由是仅用两点来证明自己的观点，显得论证苍白、说服力不够强；四点以上呢，不利于现场发挥，你想想，即兴演讲本来就很不容易了，还要去找那么多的论据，容易吗？

如果将论证内容分为三点，那么会有哪些方法呢？经笔者总结，方法有如下两种：

分割法。如果对象是有形的，我们就采用分割的方法，在空间上对其进行拆分。

第一种情况，从纵向维度出发，把事物分为上、中、下等三个部分。像天空、大地、海洋，就是属于这种分割方法。

第二种情况，从横向维度出发，把事物分为左、中、右等三个部分。像左边、中间、右边，就是属于这种划分方法。

第三种情况，从深向维度出发，把事物分为里、中、外等三个层次。像核心层、中间层、最外层，就是属于这种划分方法。

分类法。如果对象是无形的，分割不了，那我们就采用分类的方法。分类的依据有时序、程度、因果、习惯等四大原则。

在时序上，还可以细分为时间和序数两种情况。

像“过去、现在、未来”就属于直接式的时间分类法，因为这几个词语都是直接用来表示时间的。

像“少年、青年、老年”就属于间接式的时间分类法。尽管说，这些词语不是用来直接描述时间的，但从其意义上，我们还是可以从中体会到时间的存在的。

像“第一、第二、第三”就属于数字式的序数分类法，因为每个词组都包含具体的数字。

像“首先、其次、最后”“甲、乙、丙”就属于文字式的序数分类法。虽然说，这些词语并不是由数字组成，但根据其意思，我们还是可以感觉到这些词语是有先后顺序的。

在程度上，也细分为优劣、强弱、深浅、快慢等很多种情形。

比如，“优、中、差”和“冠军、亚军、季军”，就属于优劣式的分类方法。

再如，“高层管理者、中层干部、基层员工”和“金领、白领、蓝领”，就属于强弱式的分类方法。

在因果方面，也细分为因为、所以等很多种情形。

比如，“是什么、为什么、怎么办”和“大前提、小前提、结论”就属于因果式的分类方法。

针对无形的对象，还有一种叫习惯式的分类方法。这种分类方法将事物拆分为若干部分之后，它们之间的先后顺序不明显，大多情况下是平起平坐的。但是，人们的表达习惯却让它们有了先后顺序。比如，“红、蓝、黄”“知、情、意”等，就属于这种分类法。

（4）结尾部分，也要做好两件事情：小结和名言结束

即演讲者在演讲结束之前，首先用几句话来对前面的论述进行归纳，之后，再用一句名言来结束这场即兴演讲。

为什么要采用名言式结束语呢？因为采用名言来结尾的好处比较多，笔者总结其好处主要有如下四点：

增强演讲的说服力。由于名言一般都是名家、名人、名流所说的话，因此他们的话具有权威性。如果引用他们的话来证明自己的观点，那无形中就增强了演讲的说服力和提高了可信度。

增加演讲的含金量。一般来讲，名言都是名人智慧的结晶、经验的积累。所以，引用他们的话自然也增加了演讲的含金量。

增强演讲的艺术感。其实，很多名言的文学艺术性都挺高的。比如，文字精练、合辙押韵、逻辑性强、幽默度高，等等。而当我们把这些名言恰到好处地引用到自己的演讲中来，那就会给听众一种赏心悦目的感觉。

让演讲拥有高格调。由于名言是名人所说的，因此这些话的知名度都很高。现在，在演讲中把他们的话借用过来，演讲也因此提高了档次。

2.一学就会的六类即兴演讲专用模板

前文已经介绍过了，社交型即兴演讲中的被动式即兴演讲，是客观原因或场合的的需要，演讲者不得不即兴演讲。这样的演讲场合比较多，经笔者整理，主要有如下这些：

针对事：开幕词、闭幕词……

针对人：欢迎词、欢送词；生日祝词、婚礼致辞……

现在，笔者就给这上面所提及的6种场合都设计一种专用模板。

（1）开幕词的专用模板

称呼语、问候语。这个要根据具体的场合而定。例如："各位老师，同学们，大家下午好！""各位领导，各位来宾，大家晚上好！"在这里需要注意的是，重要的称呼对象要放在前面。比如，领导要放在嘉宾的前面，老师要放在同学的前面。

要干什么。就是用一句话说明今天在这里要干什么。

例如："值此2016年元旦到来之际，我校也迎来了首届校园文化体育艺术节。"

再如："今天在这里隆重举行首届'黑眼睛杯'即席演讲比赛。"

表示欢迎、感谢或祝贺。就是发言人代表活动主办机构向出席的人员表示欢迎，向筹办活动的人员表示感谢，向这场活动的举办表示祝贺。

例如："我代表组委会对各位的光临表示热烈的欢迎！出席今晚比赛活动现场的领导有：××市副市长×××先生……"

再如："在此，请允许我代表学校向首届校园文化体育艺术节的隆重开幕，表示热烈的祝贺！向为筹备艺术节大会付出辛勤劳动的师生们表示衷心的感谢！"

强调活动的意义或必要性。就是用一段或者两段话，来说明举办这场活动的重大意义和必要性。

例如："本届文化体育艺术节隆重举行，是对我校文化体育工作的一次大检阅，是对同学们文化体育素质和精神风貌的一次大展示……"

再如："本届校园文化体育艺术节设立了集体项目和个人项目，为同学们搭建了大显身手的舞台……"

预祝成功或宣布开始。就是在发言快结束的时候，用一句话来祝贺本次活动的举办取得圆满成功，也可以用一句话来宣布本次活动正式开始。

例如："最后，衷心祝愿我校首届校园体育文化艺术节圆满成功！谢谢大家！"

再如："现在，我宣布首届'黑眼睛杯'即席演讲比赛正式开幕！下面有请大会评委主任、著名演讲家江涛先生宣布比赛规则。大家掌声欢迎！"

（2）闭幕词的专用模板

称呼语、问候语。此部分的写作要求跟开幕词的称呼语、问候语一样，请参考前文。

感谢和祝贺。也就是对本次活动所取得的成就表示祝贺，对筹办此次活动的相关人员表示感谢。

例如："在此，我谨代表大会主席团再一次对大家的辛勤工作，表示衷心的感谢！对会议取得的各项成绩表示热烈的祝贺！"

列举取得的成就。就是总结本次活动取得的那些成就或者达成的一些共识。

例如："审议并通过了学校《关于通报批评的处理办法》《教辅人员月工作过程考核办法》《效能奖考核办法》《教职工年度考核评价办法》，以及《2015—2016学年度教职工聘任工作方案》等一系列规章制度。"

提出对以后的要求。就是不能满足于当前取得的那些成绩，还要对未来的工作提出一些具体的要求，并呼吁在座的各位重视并支持未来的这些工作。

例如："我们党委将致力把学校发展的大局维护好，把每一个教职员工的利益维护好，把学校的一砖一瓦建设好……"

再如："我们也希望在座的各位，不仅要把代表当作一种身份，更要当成一种责任，我们不仅是学校各种规章、制度、政策的建设者、完善者，更要做学校已定计划、规章、制度的宣传者、维护者……"

宣布闭幕。就是宣布本次活动正式结束，并谢谢各位的参与。

例如："在此我恭祝各位：身体健康，工作顺利，合家幸福！最后，我宣布，学校第三届十一次教职工代表大会，闭幕！"

（3）欢迎词的专用模板

称呼语、问候语、欢迎语。相比起开幕词和闭幕词，欢迎词的开头多了一个欢迎语。

例如："亲爱的员工：大家好！欢迎加盟贵州华星酒业集团有限公司大家庭！"

介绍组织的业务和文化。就是向新成员介绍组织的主要业务和多年发展形成的组织文化。

例如："贵州华星酒业集团是一个以高质量为起点，着眼于大市场、大系统、大结构的创新型、规模型白酒企业。"

再如："贵州华星酒业集团的宗旨是传承盛汉茅台镇传统酱香酿造文化，竭诚为市场服务，精明做事、诚信做人，在工作中完善自我，勇担责任与用心服务。"

对新成员的要求和打消新成员的疑虑。就是告诉新成员，不是加入本组织就可以坐享其成了，而是有很多具体要求的。之后又告诉新成员，组织对所有人都是一视同仁的，你可以达到这些要求。

例如："我殷切地希望每一位员工都能以高度责任感与公司同进步、共发展，竭力支持公司的成功发展。"

又如："希望您丢掉速成的幻想，好好学习日本人的踏实、德国人的敬业。"

再如："在公司的进步主要取决于你的工作业绩，也是与你的专业水平紧密相连的。"

祝福语。就是祝福组织前程似锦，同时也祝福新成员健康成长。

例如："'红日初升，其道大光；河出伏流，一泻汪洋'，站在中国酒都的阵营里，贵州华星酒业集团必将叩关跃马，鹏程万里。最后，诚挚地祝愿大家在贵州华星酒业集团事业成功！"

（4）欢送词的专用模板

称呼语、问候语。例如："同志们，大家早上好！"

说明此时在举行何种欢送仪式，致词人是以何种身份、代表谁、向哪些嘉宾表示欢送。例如："王力同志，即将离开这个他播下优良种子、洒下辛勤汗水的老单位，带着党交给的新任务启程去新的单位拼搏开拓。作为王力同志的老领导、老同事，我为他送上真诚的祝福。"

对双方在合作期间达成何种协议、取得哪些成就、有哪些历史意义加以阐述。例如："刘书记受命于危难之际，不辱使命，一到周家，深入基层调查研究，广泛征求各界意见，吃透乡情，深思熟虑，找准了扭转被动局面的突破口，破解了发展历程中的一个个难题。尤其是在城镇建设上，他多次主持召开座谈会，大胆提出了‘三年投资四千万，建设一个新周家’的设想，思想是行动的先导，经过三年持续努力，三年规划得到了实现，创造了城镇建设上的‘周家速度’，得到全乡乃至全县上下一片赞誉。特别是今年，在城镇建设上规划实施了六大工程，西街什字开发扩大了城镇规模，芦堡新村平地而起，农民文化广场成为全市乃至全省的样板，提升了城镇品位，完善了城镇服务功能。在其他各项工作中，周家乡也取得了显著的成绩，为我们争得了荣誉，争得了名气，争得了体面，国内生产总值达到7500万元，农民人均纯收入达到2020元，剔除烤烟税收，财政收入达到136万元。”

祝福语。对嘉宾充满惜别之情，期待有再次合作的机会，并祝愿一路顺风。

例如：“祝愿刘部长在新的工作岗位上工作顺利，鹏程万里，再创辉煌！借此机会，给大家拜个早年，祝在座的各位新春愉快，合家幸福，事业兴旺，万事顺意！”

（5）婚礼致辞的专用模板

称呼语、问候语。婚礼场合，一般采用“女士们、先生们”或者“各位来宾、朋友们”这样的称呼语。

例如：“女士们、先生们，大家晚上好！”

要干什么。就是用一句话说明今天在这里要干什么。

例如：“今天是刘朋华先生、彭玉菊小姐喜结连理的吉祥之日。”

欢迎各位嘉宾。就是主持人代表新郎和新娘向参加婚礼的各位嘉宾和各位亲朋好友表示热烈的欢迎。

例如：“在这个激动人心的美好时刻，首先请允许我代表在座的诸位嘉宾，向新郎、新娘致以衷心的祝福！同时，受新郎、新娘的委托，向在百忙中参加今天婚礼的诸位好友亲朋，表示热烈的欢迎和由衷的谢意！”

歌颂爱情。即主持人用一段话来诠释爱情，并对爱情充满向往。

例如：“爱情是古老而年轻的话题，也是不朽的人生主题。许多人已经拥有，更多人正在追求。两位新人有着初恋时‘月上柳梢，人约黄昏’的脸红心跳，也有热恋中‘冷落清秋伤别离’的难舍难分。”

夸奖新郎和新娘。即主持人用几句经典的话夸奖新郎和新娘。

例如：“刘先生才华横溢，事业有成，如大江东去，声声涛涌，卷起千堆雪；彭小姐纯美善良，小鸟依人，似小桥流水，涓涓细流，滴滴润心田。真是郎才女貌。”

祝福语。就是祝福新郎、新娘和现场的各位嘉宾。

例如：“我提议，为了两位新人的辉煌明天，为了双方父母的身体安康，也为了在座诸位嘉宾的有缘相聚，干杯！”

（6）生日祝词的专用模板

称呼语、问候语。生日跟婚礼一样，一般采用“女士们、先生们”或者“各位来宾、朋友们”这样的称呼语。

例如：“各位来宾、各位朋友，你们好！”

要干什么。就是用一句话说明今天在这里要干什么。

例如：“今天是陈丽女士的生日庆典，受邀参加这一盛会并代表联谊会讲话，我深感荣幸。”

夸奖过生日的人。即主持人用一段话对当天过生日的人的光辉业绩做一个概括性的介绍。

例如：“陈丽女士是顺建集团的重要领导核心之一。她对集团的无私奉献我们已有目共睹，她主持大型聚会的靓丽风采亦令人折服，她那份‘有了小家不忘大家’的真诚与热情，更是多次打动过我们。”

歌颂友谊。即主持人用简单的几句话来诠释友谊，歌颂友谊。

例如：“人海茫茫，我们只是沧海一粟，由陌路人到朋友，由相遇到相知，谁说这不是缘分？路漫漫，岁悠悠，世上不可能还有什么比这更珍贵，我真诚地希望我们能永远守住这份珍贵。”

祝福语。就是主持人带大家一起向今天过生日的人致以祝福。

例如：“在此，请大家举杯，让我们共同为陈丽女士的五十华诞而干杯！”

四、极具代表性的即兴演讲范例

讲完相关理论，笔者就即兴演讲的两大种类八种类型各提供一个典型的范文，供大家学习和借鉴。

1.精彩的通用型即兴演讲

在开发商座谈会上的讲话

佚名

各位领导、各位同行，大家下午好！

关于今年房地产的走势，我个人的看法是：市场的拐点已经出现，房地产的冬天马上来临，现在很需要政府拉我们一把。为什么这么说呢？基于以下三个原因：

第一，市场需求量急剧下降，很多购房者持观望态度。就拿我们一个有700多套房的新楼盘来说吧，自今年1月开盘到现在，7个月已经过去了，仅仅卖出去20多套房子。

第二，银行贷款收紧，开发商的资金链有随时断裂的可能。由于形势大好，我们不但新建了两个楼盘，还向政府购买了两块地。现在银行的政策有所变动，不再继续给我们贷款。

第三，政府出台限购令，开发商信心遭受很大打击。目前已有个别开发商携款跑路，也有开发商闹着向政府退地……

总之，鉴于目前的形势，政府应当出台相应的救市政策，“挽狂澜于既倒，扶大厦之将倾”，恢复市场信心，解决开发商的一些实际问题，以保证房地产行业不至于崩盘。

2.经典的开幕词

首届校园文化体育艺术节开幕式发言稿

佚名

各位家长、老师们、同学们，大家好！

值此2016年元旦到来之际，我校也迎来了首届校园文化体育艺术节。在此，请允许我代表学校向首届校园文化体育艺术节的隆重开幕，表示热烈的祝贺！向为筹备大会付出辛勤劳动的师生们表示衷心的感谢！

老师们，同学们，人的发展，应当是包括身体素质在内的各方面和谐发展。本届校园文化体育艺术节隆重举行，是对我校文化体育工作的一次大检阅，是对同学们文化体育素质和精神风貌的一次大展示，更是各参赛班级群体意识、竞争意识、团队精神、顽强拼搏精神的综合展现。

本届校园文化体育艺术节设立了集体和个人项目，为同学们搭建了大显身手的舞台，让我们全身心地投入，走进音乐的殿堂、跨进美术的画廊、步入体育的世界，去领略各自的风采。把校园变成文化素养、体育才华展示的大舞台，让文化体育艺术成为我们高层次的精神食粮。

在此，希望全体同学做到尊重每一位参与者，给他们以真诚的鼓励和掌声；希望每一位参与者，以饱满的热情全情投入，用精湛的技艺书写华章。让文化体育艺术陶冶我们每一个人。同时，我也希望全体同学都能以饱满的热情投身到今后校园文化建设中来，为丰富校园文化生活做出自己的努力！同学们，下面就在这个大舞台上尽情地挥洒青春、追求完美的自我吧！我们期待着你们在艺术节活动中的精彩表现！

最后，衷心祝愿我校首届校园文化体育艺术节圆满成功！

谢谢大家！

3.经典的闭幕词

教职工代表大会闭幕词

佚名

尊敬的各位领导、各位代表：

为期一天半的第三届十一次教职工代表大会在学校党委的领导下，经过大会主席团、工作组以及全体代表的共同努力，已经全面完成了大会预定的各项任务。在此，我谨代表大会主席团再一次对大家的辛勤工作，表示衷心的感谢！对会议取得的各项成绩，表示热烈的祝贺！

本次大会各位代表心系学校的发展与未来，以高度的主人翁精神，积极为学校发展献计献策。大会期间，代表们认真听取了黄家华同志所做的《学校2014—2015学年度工作报告》，审议并通过了学校《关于通报批评的处理办法》《教辅人员月工作过程考核办法》《效能奖考核办法》《教职工年度考核评价办法》，以及《2015—2016学年度教职工聘任工作方案》等一系列规章制度。讨论期间，代表们围绕会议主题畅所欲言，提出了一些很好的意见和建议。所有这些，都集中体现了广大教职工对我校加快改革发展，推进民主办学，共同构建和谐校园的强烈责任感和崇高使命感。

同志们！万乘之业汇众志乃兴。学校近几年的办学历程也清楚说明：教师是学校发展的核心动力，民主理校的关键就是依靠教职员工办学，只有我们每一个人都上下一心，我们的学校才会乘风破浪，科学发展。一方面，我们党委将致力于把学校发展的大局维护好，把每一个教职员工的利益维护好，把学校的一砖一瓦建设好，不断改善办学条件，不断营造和谐氛围，不断提高服务师生水平。另一方面，我们也希望在座的各位，不仅要把代表当作一种身份，更要当成一种责任，我们不仅是学校各种规章、制度、政策的建设者、完善者，更要做学校已定计划、规章、制度的宣传者、维护者，真正做到校兴我荣，校衰我耻，爱生如子，爱校如家，我们的学校才会永葆生机和活力。让我们携起手来，群策群力，与时俱进，开拓创新，为和平外国语学校更加美好的明天而努力奋斗。

在此我恭祝各位：身体健康、工作顺利、合家幸福！

最后，我宣布，学校第三届十一次教职工代表大会闭幕！

4.经典的欢迎词

在新教师欢迎会上的致辞

健茂

各位新老师，你们好！

你们的到来，给我们学校注入了新鲜血液。（掌声）

掌声证明：对于你们的到来，我们是热烈欢迎的。

从生理学的意义上，血液有O型、A型、B型、AB型之分。我不知在座的各位老师是何种血型，也未曾做过调查。不过，你们可以相信，在非生理学的意义上，我们都是“AB型”，能接受任何“血型”，我们又都是“O型”，能输给任何“血型”。在以后的日子里，我们新老“血液”一定能友好、融洽地相处。

据说，人体的心脏是世界上最卓越的“水泵”，每天泵出的血液有七八吨。你们四位每时每刻泵出的“新鲜血液 ”与原来的“血液”汇流在一起，无疑，我们的学校将更加充满生机！

谢谢！

董事长致新员工欢迎词

佚名

亲爱的员工：

大家好！

欢迎加盟贵州华星酒业集团有限公司大家庭！在此，热烈祝贺您顺利通过甄选，成为公司的一员。贵州华星酒业集团是一个以高质量为起点，着眼于大市场、大系统、大结构的创新型、规模型白酒企业。公司要求每一位员工坚定增长的信念，围绕增长来调整业务，追求一种目标：将工作和增长合二为一。同时要热爱祖国，任何时候、任何地点都不能做对不起祖国、对不起民族、对不起公司的事情。

贵州华星酒业集团的宗旨是传承盛汉茅台镇传统酱香酿造文化，竭诚为市场服务，精明做事、诚信做人，在工作中完善自我，勇担责任与用心服务。为实现这一承诺，需要这个大家庭的你、我和每一位成员，在各自岗位上，精诚合作，互相激励，尽忠职守，使市场、商家和消费者满意，努力使公司赢得良好的声誉！

因此，我殷切地希望每一位员工以高度责任感与公司同进步、共发展，竭力支持公司的发展。作为贵州华星酒业集团大家庭的成员，同人之间应默契配合，相互接纳，彼此包容，取长补短，这样我们就可以成为牢不可破的集体，只有发挥集体的力量才能达到目标。

我们的目标：再造一个茅台镇品牌和跨入世界优秀企业行列，在中国和世界白酒舞台上，占据一个重要的位置！我们的历史使命，要求所有的员工必须坚持团结协作，走集体奋斗的道路。没有这个平台，你的聪明才智将很难发挥并有所成就。因此，没有责任心，不善于合作，不能集体奋斗的人，等于丧失了在贵州华星酒业集团进步的机会。那样你会空耗宝贵的光阴，还不如在试用期中，重新决定你的选择。

进入贵州华星酒业集团并不就意味着高待遇，公司是以贡献定报酬，凭责任定薪资，新员工因为没有经验，晋升较慢，为此，我们十分抱歉。但如果你是一个开放执着，善于吸取别人的经验，善于与人合作，可能进步就会很快。如果封闭自己，总是担心淹没自己的成果，就会延误很长时间，也许到那时，你的工作成果已没有什么意义了。

机遇总是偏向于踏踏实实的工作者。进入公司一周以后，博士、硕士、学士，以及在公司外取得的地位均已消失，一切凭实际才干定位，这在公司已经深入人心，为绝大多数人所接受。大多数员工需要从基层做起，在基层工作中打好基础、展示才干、做好准备，把知识转变为能力。公司永远不会提拔一个没有基层实战经验的人来做高级领导的工作。遵照循序渐进的原则，每一个环节、每一级台阶对你的人生都有巨大的意义。

希望你丢掉速成的幻想，学习日本人的踏实、德国人的敬业。你想提高效益、待遇，只有把精力集中在一个有限的工作面上，才能熟能生巧，取得成功。现代社会，科学迅猛发展，真正精通某一项技术就已经很难了，你什么都想会、什么都想做，就意味着什么都不精通。你要十分认真地对待现在手中的任何一项工作，努力钻进去，兴趣自然在。逐渐积累经验，有系统、有分析地提出你的建议和观点。草率的提议，对您是不负责任，也浪费了别人的时间，特别是新来的员工，不要上岗伊始，吵吵嚷嚷。要深入具体地分析实际情况，发现了某个环节的问题就去找解决的办法，踏踏实实、一点一滴地去做，不要哗众取宠。

公司的各项制度与管理，可能还存在一些不合理之处，我们会不断地进行修正，使之日趋合理、完善，但在正式修改之前，你必须严格遵守。要尊重你的现行领导，尽管你可能很有能力，甚至更强，否则将来你的部下也不尊重你。长江后浪推前浪，青出于蓝而胜于蓝，永远是后面的人更有水平。在公司不贪污、不腐化。严于律己，宽以待人。坚持真理，善于利用批评和自我批评，提高自己，帮助别人。作为一个普通员工要学会做事，还要学会做人，做一个有高度责任心的人。

在公司的进步主要取决于你的工作业绩，也是与你的专业水平紧密相连的。一个大中型白酒产业，没有高素质的员工是不可想象的。公司会有计划地组织各项教育与培训活动，希望能对你的自我提高、自我完善有所帮助。业余时间可开展一些休闲活动，但还是要有计划地读书学习，在华星是讲时间价值贡献的。不要搞不正当的娱乐活动，绝对禁止打麻将之类的消磨意志的活动。公司为你提供了一些基本生活服务，可能还不够细致，达不到你的要求，对此我们也表示歉意。同时，还希望你能珍惜资源，养成节约的良好习惯。希望你成为一个高尚的人，受人尊重的人。

“红日初升，其道大光；河出伏流，一泻汪洋”，站在中国酒都的阵营里，贵州华星酒业集团必将叩关跃马，鹏程万里。

最后，诚挚地祝愿大家在贵州华星酒业集团事业成功！

5.经典的欢送词

送你三盆水

——在新干部赴任欢送会上的讲话

鲁祥林

同志们：

大家早上好！

我们中优秀的一员——王力同志，即将离开这个他播下优良种子、洒下辛勤汗水的老单位，带着党交给的新任务启程去另一个新的单位拼搏开拓。作为王力同志的老领导、老同事，我为他送上真诚的祝福，还送给王力同志三盆水。

第一盆水：用来好好洗洗头。在当今发展社会主义市场经济的大潮中，每个干部要保持清醒的头脑，知人善任，戒骄戒躁。只有头脑清醒，才能在缤纷的世界中明辨是非，开拓进取，建立奇功。

第二盆水：用来好好洗洗手。手净才能气正，为官要廉洁勤政，两袖清风。常常洗手才能在名利面前不动心，对不义之财不伸手。

第三盆水：用来好好洗洗脚。脚步净才能腿勤，要多往群众中跑，多往基层跑。办法是从群众中来的，功业也是群众创造的，脱离了群众将一事无成。

同志们，今天让我们再一次真诚地祝愿，祝愿王力同志在新的工作岗位上尽展风采。

谢谢大家！

6.经典的婚礼致辞

在婚礼上的祝词

陈殿林

女士们、先生们：

今天是刘朋华先生、彭玉菊小姐喜结连理之日。在这个激动人心的美好时刻，首先请允许我代表在座的诸位嘉宾，向新郎、新娘致以衷心的祝福！同时，受新郎、新娘的委托，向在百忙中参加今天婚礼的诸位好友亲朋，表示热烈的欢迎和由衷的谢意！

爱情是古老而年轻的话题，也是不朽的人生主题。许多人已经拥有，更多人正在追求。两位新人有着初恋时“月上柳梢，人约黄昏”的脸红心跳，也有热恋中“冷落清秋伤别离”的难舍难分。经历了“似水柔情，佳期如梦”的苦苦期盼，品尝过“相知不渝，同心永结”的浪漫温馨，终于迎来这携手共赴红毯的幸福时刻。古往今来，多少美妙的爱情故事，曾让我们感叹不已，但无论是泪洒斑竹，魂断潇湘，还是天河凝望，情寄西厢，比之两位新人的爱情都要逊色三分。“只应书上有，却道俗尘无”的爱情故事，真实地呈现于我们眼前，使我们由衷地感到：凡尘自有真情在，到底人间喜事多！

刘先生才华横溢，事业有成，如大江东去，声声涛涌，卷起千堆雪；彭小姐纯美善良，小鸟依人，似小桥流水，涓涓细流，滴滴润心田。真是郎才女貌。为此，我们真诚地祝愿两位新人在人生旅途上谱写更加绚烂的篇章。

我提议，为了两位新人的辉煌明天，为了双方父母的身体安康，也为了在座诸位嘉宾的有缘相聚，干杯！

7.经典的生日祝词

九十华诞　洪福齐天

——父亲90岁生日祝词

佚名

尊敬的各位长辈、各位来宾，大家好！

今天，是我父亲九十大寿的日子，大家前来祝贺，我们全家十分感动。首先，我代表老寿星和全家向各位表示热烈的欢迎和深深的感谢，感谢大家的光临和祝福！

俗话说，人生七十古来稀，九十已是神仙事。父亲年高九十，虽言语、行动有些不便，但身体依然硬朗，依然康健。作为家人，我们倍感高兴，在此，我代表全家祝父亲永远健康、快乐、长寿！

今天，贵宾满座，高朋齐聚，为我父亲九十寿诞祝福，我十分激动，也很有感触！

一是感念先辈的艰辛。本家一族，寂居乡野，如飞蓬浮萍，直到先祖黄洪洲老先生孤身闯荡，苦心经营，一家人才在贫窘中站稳脚跟，走出一片天地，到如今已是济济一堂，勃然兴旺。家父身为长子，年少历事，随同父母创业，打下手、跑“挑子”、弹棉花、做短工……较早地体会到了生活的艰辛，经历了许多的挫折和磨难，但他为人谦和、乐观豁达、不屈不挠，终使一个家族不断发展、壮大。

二是感谢家族及亲朋好友的关心和支持。我们这一大家族人，文化程度有高低，经济能力有大小，性格粗细有差异，但大家都能摒弃小异，求存大同，念根本，共扶助。在此，我要感谢大家，尤其是二叔、二婶、姑爷、姑妈以及已故的大婶，对我的父母及全家的关爱、支持、包容。

如果说一个人或一个家庭是一条鱼，那么亲朋好友就是一池水；如果说一个人或一个家庭是一棵树，那么亲朋好友就是一座山。今天的来宾，都是一家之亲，至朋之谊。你们挤时间，赶路程，来参加老寿星的寿诞贺宴，这份情义，同你们平时对我们一家的关怀照顾一样，是那么的厚重、浓烈！

因此，在最后，我再一次诚挚热切地向各位表示感谢！并祝福：

所有老人身体健康，幸福长寿！

所有的兄弟姐妹，事业辉煌，万事如意！

所有的小朋友，学业进步，快乐成长！

所有的亲朋、来宾，万事顺！顺！顺！

第十课

命题演讲，既能提高写作能力，又能提高口头表达能力

相比即兴演讲，在日常工作中，我们需要进行命题演讲的机会并不多，一般仅是为了竞聘上岗、汇报工作或者参加比赛等几种情况。但是，恰恰是这为数不多的几场命题演讲，对大多数人来说，才是最关键的。

就拿竞聘演讲来说吧，它已经成为目前社会中人才选拔的一种新趋势。也就是说，想要获得领导和听众的认可并能晋升、提岗等，除了本人应该具备相关的学历水平、知识素养、能力要求之外，是否掌握当众演讲技巧也成为能否竞聘成功的一个重要因素。

不过，一提到像竞聘演讲这类的命题演讲，很多职场人士就很头疼。他们根本不知道要从何讲起，应该讲些什么、展现些什么。特别是在撰写演讲稿这个环节，很多人更是如临大敌、惶恐不安。

笔者从中学开始就参加过无数次演讲比赛，进入职场之后也经历过很多场竞聘演讲，而且每次演讲都能获得很好的名次。另外，笔者曾经举办过几十期演讲培训班，也辅导过不少职场人士。现在，笔者将命题演讲的相关概念、具体流程、写作思路、结构安排、典型范文等内容分享如下，希望对大家有所帮助。

一、什么是命题演讲

命题演讲是根据指定的题目或者限定的主题范围，演讲者在事先充分准备的基础上所做的演讲。

命题演讲也叫备稿演讲，这种演讲是事先已经写好了演讲稿，并且也把演讲稿背熟了，在演讲的时候，凭借着自己的记忆再把演讲稿的内容完整地复述出来。由于演讲稿可以事先写好，那当然有充足的时间去提前做准备了，完全可以反复仔细推敲、斟词酌句，只要牢牢记住了所写的内容，演讲的时候就可以防止出现偏离话题、用词不当的情况。所以，这种方式经常为初学演讲者所采用。但是，这种方式也有不足之处。因为是提前写好的，凭借记忆把演讲稿背诵出来，所以难免在演讲的时候带出来几个拗口的书面词语而影响到演讲的通俗性和流畅性；有时候也有因为演讲稿过长或者过度紧张而出现突然忘词，以致停下来回忆演讲稿内容的现象；有时候还会有因为担心卡壳只专注自己所背的语句，而显得两眼呆滞、面无表情，以致无法跟听众进行互动的情况。所以，当我们进行命题演讲的时候，不一定非死背演讲稿不可，而是要吃透演讲稿的内容，事先用流畅的口头语言试讲几遍，同时剔除一些不必要的口头禅，比如“这个嘛”“那个啊”“嗯”等。上台后，持稿看稿但不念稿，讲述但不背诵，并且时刻注意听众的反馈而适时与听众进行交流互动。

一般来讲，命题演讲有如下三个特点：

严谨性。命题演讲是有充分的时间去准备的，所以，无论是材料的选择、思路的确定，还是结构的安排、文字的锤炼，都是经过周密推敲的。

稳定性。命题演讲的内容是事先确定的，演讲稿也是事先写好的，所以，在演讲时，演讲者一般都是按照写好的演讲稿去讲述，不会因为现场听众的特殊身份或者其他因素而做较多的改动。

针对性。命题演讲一般运用在工作或者比赛当中，所以，演讲主题的针对性非常强，比如竞聘演讲、述职演讲、道德提倡演讲、理想追求演讲等。

二、搞定命题演讲必经这五步流程

讲完命题演讲的特点之后，接下来继续探讨关于在公众面前演讲需要历经哪几个步骤的问题。经笔者总结，命题演讲的常规流程主要有如下五步（见图12–1）：

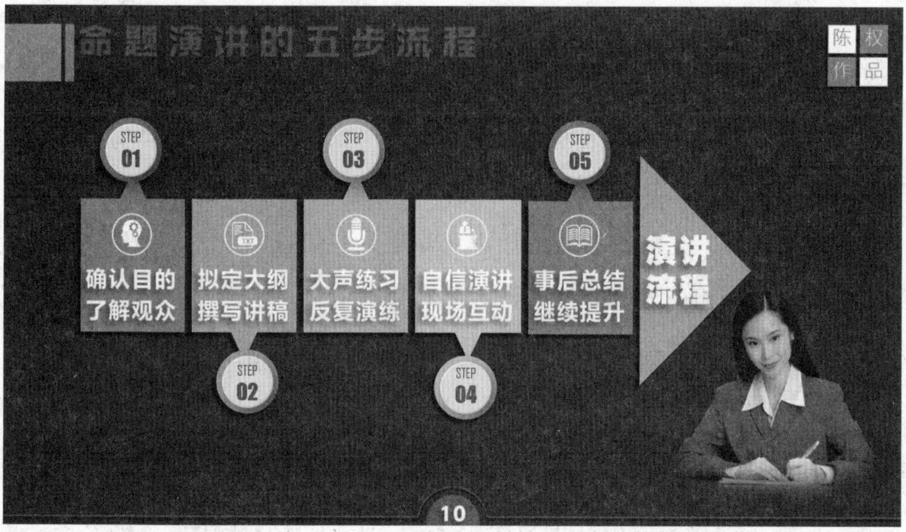

图 12–1

1.确认目的、了解观众

在演讲之前，我们首先要思考一个非常重要的问题：为什么要做这场演讲？即本次演讲的主要目的是什么。

一般来说，根据演讲要达到的效果的不同，演讲的目的大约有四个（见图12–2）：

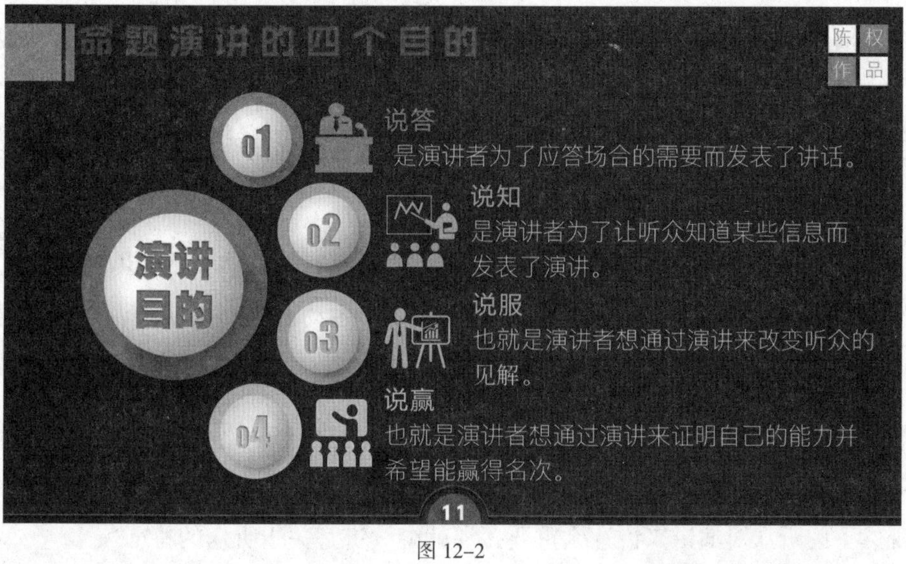

图 12–2

说答，是演讲者为了应答场合的需要而发表了讲话。比如，关于参加聚会的场合，驴友们第一次线下聚会的时候，每个人都需要自我介绍；又如，关于参加宴会的场合，作为邀请嘉宾，需要当众讲话；再如，关于颁奖典礼走红地毯的场合，每个获奖者都需要发表几句获奖感言；等等。

说知，也叫告知，是演讲者为了让听众知道某些信息而发表了演讲。比如，关于实物的说知，导游小姐向旅客介绍风景区内有哪些值得去的景点，产品经理向公司客户演示榨汁机的果汁制作流程；再如，关于概念的说知，留学专家向准备出国留学的高中生讲解中西文化的差异，人力资源经理向员工解释新绩效考核方案中的算分方法；等等。

说服，也就是演讲者想通过演讲来改变听众的见解。比如，关于事实澄清的说服，某明星通过新闻发布会告诉记者他是在做公益活动而不是在炒作自己；又如，关于观念改变的说服，呼吸科专家在公益讲座中向听众讲解戒烟对身体的好处；再如，关于行动执行的说服，某公司的营销总监在招商会上给代理商解释为何购买本公司的产品是最佳的选择；等等。

说赢，也就是演讲者想通过演讲来证明自己的能力并希望能赢得名次。比如，为了提高自己的演讲能力，演讲者参加了市教育局所举办的以“纪念屈原”为主题的爱国演讲活动；再如，为了获得理想的岗位，新入职员工参加了公司人力资源部所举办的以“如果我是班组长”为主题的竞聘活动；等等。

在上面所列举的四种演讲目的中，由于目的的不同，你演讲时面对的听众也有所不同。比如，如果你所做的是竞聘演讲，那么你的主要听众几乎都是比你社会经验丰富的领导；再如，如果你所做的是新生欢迎会讲话，那你的听众差不多都是没你社会经验丰富的学生。

一般而言，在演讲时，演讲者必须迅速找出容易引起听众感兴趣的话题，才有利于营造一个良好的演讲氛围，才能使演讲更加精彩生动；否则，演讲者将会自讨没趣甚至自取其辱。

那么，怎么做才能让演讲更有吸引力呢？答案是必须以听众为中心，说听众感兴趣的话题。怎么做才能说出让听众感兴趣的话题呢？答案是必须了解听众。

既然了解听众对演讲来说这么重要，那就继续讲解关于听众的特征。

可以这么说，在你所有的演讲当中，除了少数的几场（比如竞聘演讲等）你仅代表你个人之外，更多的时候，你代表的是某个群体的观点。而你每次演讲时所面对的不同群体，都会有不同的特点。我们可以从文化、地位、职业、年龄等方面对不同的群体加以区分。

（1）文化群体

不同文化圈的人，其饮食、处事方式，甚至价值观都很不一样。比如饮食方面，受伊斯兰文化影响的中亚人，他们是不吃猪肉的，如果你面对一群穆斯林，就不能说猪肉太有营养价值了。再如价值观方面，西方人提倡个人主义，英语单词里面，“I（我）”在任何地方都是大写的；东亚人提倡集体主义，“我”的意思就是用手紧紧抓住自己的戈，不能让自己太锋芒毕露。所以，面对东亚人做演讲，不能太过于去强调个人主义。

（2）地位群体

身处群体不同，社会地位就不同。曾有人开玩笑说：衡量某一群体的社会地位如何，就看该群体在姑娘心目中的次序。比如，在计划经济时代，贫下中农的儿子好找对象，当兵的，特别是军官更是抢手；而在市场经济时代，当官的、当老板的，才是姑娘们的挚爱。

目前社会中存在着一种观念，就是要关注弱势群体。所以，对演讲者来说，一定要搞清楚台下的听众在社会中究竟属于强势群体还是弱势群体。作为一名演讲嘉宾，不能怀着救世主的态度，趾高气扬地怜悯弱势群体；也不能过度鼓吹强势群体的价值观，并把这种价值观强加给弱势群体。

（3）职业群体

在不同的职业群体里面，由于一些人处于相同的环境、从事相同的工作，也有一些相同的知识背景、思维方式、价值观等，因此他们有共同的话题和关注的焦点，有一些类似的问题需要去解决，有一些共同的诉求需要社会的回应。作为演讲嘉宾，如果面对某一职业群体讲话时，能够在短时间内讲到该群体感兴趣的话题，那你的演讲就很容易引起台下听众的共鸣，并能迅速将演讲推向高潮。

（4）年龄群体

由于每一个时代都有每一个时代的特点，因此，在各个时代成长起来的人，在行为方式、生活态度、价值观等方面也显现出很大的差异。他们对事业、工作、理财、感情、家庭、健康、娱乐等方面的追求也不尽相同，他们的求知欲、责任感、财富观也有很大区别。所以，不同年龄段的人，他们也有不同的烦恼、困惑，对事物也有自己的见解和不同的思考。比如，1988年1月13日晚上，在蛇口招商大厦举办的“青年教育专家与蛇口青年座谈会”上，一位专家在发言中提到：“有个别人来深圳的目的，就是在别人创造的财富中捞一把，这就是极少数淘金者，而特区不欢迎这样的淘金者。”但没想到，在座的某位蛇口青年却认为：“淘金者赚钱，没有触犯法律，无所谓过错。淘金者来蛇口的直接动机就是为了赚钱，但客观上也为蛇口的建设做出了贡献，所以，淘金者并没有什么不好。”更让人想不到的是另一位蛇口青年却反驳说：“两位老师的思想在蛇口是没有市场的。对祖国爱的表达，应当实事求是，而不应当讲虚的、假的、空头的。我们用自己的劳动表达了对祖国的爱。我们自己劳动了，劳动成果就应该自己享受。”

从上述例子可以看出，年龄的差距，容易造成思想的代沟。所以，当我们面对90后、80后、70后、60后等不同的人群时，讲话的方式必须有所不同。

除了要了解听众大概是什么特定的群体之外，在演讲之前，演讲者还要了解一些关于听众方面的具体问题，这样才能更好地设计你的演讲策略，达到演讲的预期效果。而这些具体问题有如下10个。

（1）组织者的期望值是什么

接到邀请函之后，演讲者不必害怕也别不好意思。演讲者应该主动询问组织者：“为什么选择我去做演讲？你们需要我讲哪些内容？有哪些红线是不能碰的？”虽然演讲者要坚持自己的原则，不能完全满足组织者的要求，但了解到更多的信息，对演讲者来说还是大有好处的。

（2）听众是否经常参加演讲活动

现在的听众可谓见多识广，《我是演说家》《超级演说家》等同类节目比比皆是，而各种读书报告会、经济论坛更是如雨后春笋，不断涌现。因此，作为演讲者，你必须了解面对的听众是否属于非常爱学习的“听霸”。如果他们就是经常参加一些报告会、论坛、沙龙的那群人，那么你演讲时还是小心为妙，因为他们都是见过大世面的人，可能会比较挑剔。

（3）听众是否听过类似的话题

在演讲之前，你必须详细地了解：这个话题有谁曾经讲过？主要的观点是什么？当时给听众留下什么样的印象？假如对比起来，你的演讲内容并没有什么新意，而自己又不能在某些方面超越别人，那么，放弃这个话题而选择其他话题倒还是一个不错的选择。

（4）听众中有重量级人物吗

在演讲之前，你还需要了解：听众当中，是否有政府高官、商界大腕、学术名流，或者其他行业的名人？比如娱乐圈的明星等。对于在场的这些重要人物，你无论如何都要在演讲之前向他们的到来表示感谢，而且要特别地提及他们的名字和头衔；对于个别的重要级人物，你还需把他给你的帮助与支持，予以适当的说明。

（5）听众的教育背景如何

不同教育背景的人，比如高中生、本科生、研究生等，他们的知识面是不一样的，所掌握的知识系统和概念系统是不同的，理解能力也是有差异的。就算同为大学生，但由于专业的不同，他们对事物的理解也有很大的差别。所以，作为演讲者，了解了这些情况之后，有助于采用让他们理解的语言，并引用让他们听得明白的事例去论述自己的观点。

（6）听众的政治立场如何

在演讲时，一般不会专门探讨关于政治的话题。但是，在谈及经济发展、改革开放以及企业与政府的关系问题等时，难免是要涉及政治话题的。

（7）听众的人数有多少

听众人数的多少决定着会场的规模大小，人数的多少影响着演讲者对演讲方式的选择。一般来讲，20来人的会场和200来人的会场，演讲者对演讲方式的选择是有所不同的。人数较少时，演讲者可以通过互动式的提问与听众拉近距离，甚至还可以用眼神去留住他们。但如果人数很多时，演讲者就无法照顾到每一位听众了。那么这个时候，你就需要讲述情节生动的故事、合辙押韵的段子、切合主题的笑话等，来吸引听众的注意力，把他们留在座位上。

（8）听众需要解决什么问题

一般来说，听众不可能都是无聊的，为了打发时间才来听你演讲。而有些听众是带着问题在台下听你演讲的，他们期待着你对他们所关心的问题给出答案。比如：他们的销售业绩不够理想，急需一个人指点；他们正处在人生的十字路口，更加彷徨，急需一个人指路；他们面临着岗位的激烈竞争，想得到一个保住工作的良方妙法；等等。所以，为了避免出现抓耳挠腮、无言以对的尴尬场面，你最好在演讲之前考虑一些可能碰到的问题及其答案。

（9）听众最感兴趣的是什么

现代传媒业很发达，信息传递的速度非常快，导致人们的兴趣变得非常广泛，对各种各样信息的了解也非常多。所以，作为演讲者，你要找准听众的兴趣所在，真的很不容易。但是，你不去找也不行。因为只有在找到大多数听众的兴趣点之后，你的演讲才能点燃听众的热情。

（10）让听众感到自豪的是什么

让听众感到自豪的是什么？到底是他们拥有的地位、身份、职业、学历？还是他们在某一世界五百强企业上班？或者获过什么团体奖项？或者处于一个四季如春的美丽城市？这些都可能让台下的听众感到自豪。而这些恰好也是演讲者演讲的切入点，演讲者不但要了解这些，还要利用好这个切入点。比如，当你来到西安做演讲时，你向台下的听众提问："各位朋友好！你们知道哪个城市是中国的古都之首吗？"那你就很容易把听众的情绪带进你的演讲氛围中来了。

2.拟定大纲、撰写讲稿

确认了演讲的目的、了解到听众的相关情况之后，接下来就要拟定大纲、撰写讲稿了。

讲稿也叫演讲稿、演讲词等，它是在演讲的准备阶段所写成的文稿。

为什么要写演讲稿呢？因为演讲稿是演讲的依据，是演讲成功的基础（当然，特殊场合下的即兴演讲不需要提前写好演讲稿，这种情况除外）。从一般意义上来讲，写演讲稿是参加演讲活动的一个重要环节；从特殊意义上来说，演讲稿的撰写对演讲思维的锻炼有很大的帮助。演讲稿有如下五大作用：

梳理演讲者的思路。如果是即兴演讲，可能会出现演讲者想到哪儿讲到哪儿的情况。但如果是先写稿再演讲，这就会让演讲者静下心来，慢慢构思演讲稿，就会让演讲内容变得井然有序，条理清晰。

提高演讲者的文笔。因为演讲稿写作本身就是一种演讲的作文法，它是由说到写，再由写到说的这样一个过程。而这个过程中，演讲者就需要在谋篇布局上运筹帷握，在遣词造句上字斟句酌，无形中就提高了演讲者的文字驾驭能力、促进了其写作水平的提升。

消除演讲者的恐惧。有些演讲者，特别是初次登台做演讲的人，当面对众多听众讲话时很容易产生恐惧、怯场的心理。但如果是已经写好并背熟演讲稿之后，他的心里就有了底，就能够轻轻松松地演讲了。

可以起到提词作用。尽管大多数情况下演讲者是不需要一边看着演讲稿一边做演讲的。但有些演讲者总喜欢拿着演讲稿上台，因为他担心自己在演讲中突然忘词了。所以这么说来，演讲稿就可以起到提示演讲内容的作用， 使演讲顺利进行，避免出现卡壳、结巴等现象。

能够掌握演讲时间。如果是即兴演讲，演讲者可能无法控制自己的演讲时间和演讲进度。但如果是提前写好演讲稿，事情就好办了。因为演讲时间是可以根据演讲稿总字数的多少和什么地方应该详写或者略写等要求来决定的。

3.大声练习、反复演练

当写完并修改好演讲稿之后，演讲者就要大声练习、反复演练了。这一环节还可以细分为如下五步：

多次朗读。先对演讲稿中个别读音有疑问的字眼进行查字典确认，接着是朗读。而这种朗读指的是反复地大声诵读，直到把演讲稿背得滚瓜烂熟为止。当然，如果是久经沙场的演讲高手，只要读熟并记个七七八八就可以了，不用全部背熟。

语调设计。一般来说，先给整篇演讲稿定下感情基调。比如，平情型（以平直调为主）、激情型（以高升调为主）、抒情型（以降抑调为主）、煽情型（以曲折调为主）。再考虑在整篇演讲稿中，哪些地方需要标注杀伤力很强的语调。比如，重音、拖腔、颤音、虚声、尖嚷、泣语等。

手势设计。在演讲中，既不能没有手势，也不能手势用个不停。一般来讲，一场10分钟的演讲，最多也就15个手势，这其中包括单手手势和双手手势。那应该加入哪些手势呢？笔者的意见是：首先根据内容的需要。比如，当讲到“尽管被生活欺骗千百次，但我依然相信未来”这句话时，你最好加上仰手式动作（手掌向上，指向前方）。因为这个手势最能体现这句话的意思。其次根据情感的力量。比如，表示强调的时候，你可以采用手指手势和手掌手势，也可以采用拳头手势，但是请注意，这三类手势中，拳头手势的杀伤力是最大的。所以，我们最好选择拳头手势。

表情设计。所谓的声情并茂，指的是声音优美和表情丰富。所以，在演讲中，面无表情是不妥的，我们还需要对自己的表情进行设计。一般来讲，缠绵诉说的时候，采用的是忧伤的表情；慷慨陈词的时候，采用的是坚定的表情；娓娓道来的时候，采用的是微笑的表情……总之，在演讲稿的重点部分，也就是最能体现演讲者内心世界、个人态度的地方，必须标注表情的类型。

多次演练。对标注了语调、手势、表情之后的演讲稿进行多次演练。演练的场地最好跟实际演讲的环境差不多。如果有条件的话，最好能找几位好朋友来当听众，再让朋友们提一些有建设性的意见。

4.自信演讲、现场互动

当自己的试讲得到了朋友们的肯定之后，接下来就是正式的演讲了。

尽管说，你事先已经做了充分的准备了，但是到了真正演讲的那一天，你的心里还是蛮紧张的。为什么突然紧张了呢？因为场面大了，人多了，大家都看着你，刺激了你的交感神经，肾上腺素分泌液也增多了，于是出现了脸色苍白、心跳加速、呼吸加快、手心冒汗等现象。

不过，请放心！这些都是正常的现象，如果心里一点都不紧张，反而是坏事。因为人在一定的压力下，稍微紧张的情况下，能发挥出最佳的状态。

所以，这个时候，你就不要太在意自己的紧张感了。不过，为了能让你更快地进入演讲状态、让你的演讲更加得心应手、让你的表现更加可圈可点，根据笔者的经验，建议你在演讲之前，可以先去洗手间，用冷水洗脸，之后在原地向上跳跃5～7次，以便让自己兴奋起来，让自己的表现欲达到巅峰的状态。如果条件允许的话，在上台演讲之前，你也可以先到听众席上，把听众当成老朋友一样，主动地跟他们打招呼。

演讲前让你紧张不安的时间不会很长，马上就到你登台亮相了。在演讲时，你必须把注意力放在自己所陈述的观点上和听众的身上，而不是自己呈现观点的方式上。为什么这么要求呢？因为当你把注意力放在听众的身上时，你就会自然而然地忘掉了紧张。

光这一点还不够，你还必须主动地与听众进行眼神交流，认真观察听众的表情变化。通过听众的表情，你会知道哪位听众听得津津有味，哪位听众根本心不在焉。这个时候，你不能把注意力放在心不在焉的那位听众的身上，那样的话，你可能就会越讲越没劲了。你应该把注意力放在听得入迷的那位听众的身上，并主动地向他提问，借助你俩的对话，把大家的情绪全部带动起来。如果在一场15分钟的演讲中，有2～3次的互动，那你的演讲就很好了，就不会显得干巴巴的了。

5.事后总结、继续提升

一般来讲，每场演讲结束之后，都需要马上进行总结，并且这个时间的间隔不能太长。比如，今天下午进行了一场演讲，后天再进行总结，这样就不太妥当了。应该是今天下午进行了一场演讲之后，在两个小时之内必须进行总结。因为时间间隔越短，回忆得就越清楚。

应该总结些什么呢？笔者的经验是：

首先，总结不足的地方。比如，哪些地方准备得还不够充分，造成临场卡壳了；哪个环节互动不起来，造成场面冷淡；或者提问的对象不合适，造成演讲主题没有被深挖；或者没有提前试麦，造成刚开始演讲时声音过小；等等。

接着，总结成功的地方。比如：今天的表演很到位，得到了满堂的笑声和掌声；互动环节设计得不错，台下听众踊跃参与；很投入地去讲关于自己以往的故事，不但讲哭了自己，也讲哭了听众；等等。

总之，不管是失败的教训还是成功的经验，都需要一条一条地写下来，以便以后经常翻阅。

三、命题演讲的常规思路和经典结构

1.思路清晰了，演讲自然就会吸引人

完全可以这么说，我们撰写演讲稿也好，进行即兴演讲也罢，必须从思考开始。

什么是思考呢？所谓的思考，就是进行比较深刻、周全的思索活动。这个概念很直白，它明确地告诉我们，没有经过深入思考，是很难撰写出一篇完整的演讲稿的，就算写出了，也是没有深度的残次品。

我们应该从哪个方向进行思考呢？思考的整条路线应该如何设计呢？而思考的最终结果又是什么呢？这就涉及思维、思路和思想等问题了。

所谓的思维就是思考的维度、思考的方向。比如，前面已经介绍过的正向思维、逆向思维、高位思维、纵深思维等，就体现了思考的不同维度、不同方向。

所谓的思路就是思考的线索、思考的路线。在这里，值得注意的是，思路往往都不是直线。一般来讲，它常常是曲线，并且这条曲线是由四部分组成的，分别为“起”“承”“转”“收”。

思路和思维有什么区别和联系呢？思维是思考的方向，定性的；思路是思考的路线，定量的。另外，在演讲稿撰写思路的“起”“承”“转”“收”四个阶段中，每个阶段所采用的思维可能是不一样的。比如，在“起”阶段，采用的是概括思维；在“承”阶段，采用的是发散思维；在“转”阶段，采用的是联想思维；而在“收”阶段，采用的又是归纳思维。

所以，演讲稿的写作思路都是由好几种思维组成的，整条写作思路一般是曲线的，因为“文似看山不喜平”。

但不管思考的路线是如何的曲折，思考的最终结果都是奔着思想而去的。因为演讲的主要目的就是要表达自己的观点、自己的思想。而所谓的思想，即客观存在反映在人的意识中经过思维活动而产生的结果。

综上所述，思考、思维、思路和思想之间的关系如下（见图12-3）。其中，思路是连接思考和思想的桥梁。

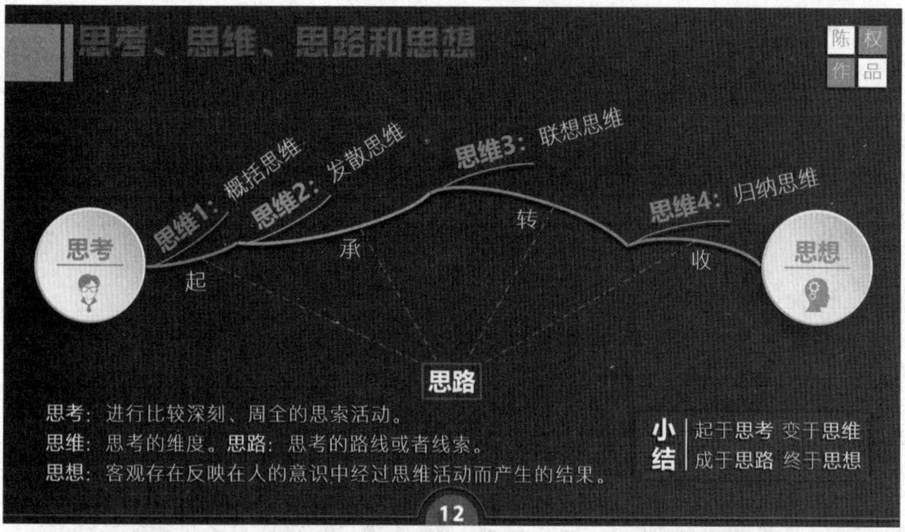

图 12-3

由上图可见，思路对演讲稿的撰写来说实在太重要了。如果没有思路，那么即兴演讲也好，演讲稿撰写也罢，都将无法进行。即使进行了，效果也会很不理想，其结局不外乎如下两种情况：

一种是不知从何说起。即原本有很多内容要说，但没有给这些内容编排好出场的先后顺序。于是，演讲者不知道该先讲什么内容为好，只能在台上干着急，要么等待着别人来跟自己互动或者提醒自己，要么刚讲几句又自我否决，如此反复多次，老是在原地打转，就是说不出一个子丑寅卯来。例如，在一个录课的现场，由于没有授课PPT，某讲师只好一边想一边讲，讲着讲着，觉得效果不是很理想，于是，他又从头开始讲，导致到最后，整整讲了一个上午，他还没有真正进入培训主题。无奈之下，该讲师只好跟培训机构说："对不起！今天我状态不佳，没有发挥好，下次再录制吧！"

另一种是不知在哪儿转弯。即演讲者依着一种思维一直往下讲，根本没有转弯，更谈不上"起、承、转、收"等技巧。于是，该演讲者要么是突然提前结束自己的演讲，让听众一点心理准备都没有；要么是讲着讲着，突然卡住了，想了半天，才接着说："我再补充几句。"

既然演讲稿撰写思路如此重要，没有了它，演讲将无法进行。那么，演讲稿的撰写思路是否有规律可循？如果仅仅是因人而异，一千个观众有一千个哈姆雷特，那么我们探讨了半天，还不是等于白说了？

当然不是的，演讲稿的撰写思路是有一个通用套路的，它就是演讲稿万能写作思路公式。下面，对这个公式进行介绍。

2.演讲稿应该按照这个万能写作思路公式来撰写

一般来讲，演讲稿的写法有三大类：先总后分（先总写，再分写）；先分后总（先分写，再总写）；总分再总（先总写，再分写，再总写）。

而在这三种写法当中，最常用的是第三种——总分再总。所以，我们就以这种写法为蓝本来设计演讲稿万能写作思路公式。

本万能写作思路公式一共由三大部分组成（见图12-4）：

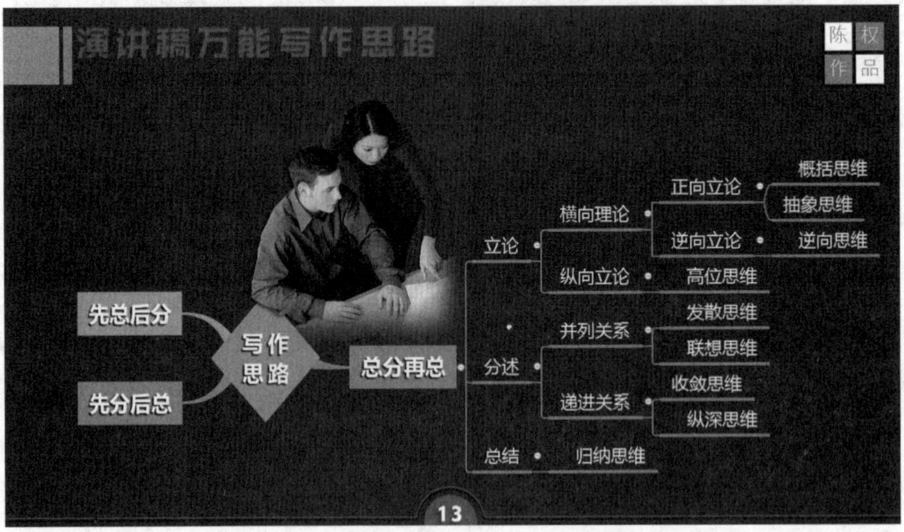

图 12–4

第一部分为立论，即总写。它以概括思维为主，也就是用一句话来概括这场演讲要讲些什么。比如："大家好！我今天跟大家分享的话题是：毕业8年，如何快速成为公司的人力资源总监。"

当然，有时候，为了体现自己的观点跟其他演讲者不一样，有的演讲者可能会用到逆向思维来立论。比如，有的演讲者一上台，就让听众吓了一大跳，他的开场白竟然是这样："有人说，不逼一下自己，根本不知道自己是多么的优秀。但是，我今天却想说，不逼一下自己，根本不知道自己不是那块料……"甚至有的演讲者还会用到高位思维来立论。比如："针对栾川街头，常某狂扇当年初中老师耳光这件事情，有人认为，该学生的'报复'行为是对的，君子报仇，十年不晚；有人认为，该学生的

‘报复’行为是错误的，打人者，必须接受法律的惩罚。但在我看来，这个‘报复’说根本不成立，准确地说，这叫作‘想快速出名当网红的代价’……”

第二部分为分述，即分写。它是以发散思维为主，也就是从多方面、多层次来论述自己的观点。比如，观点为“毕业8年，如何快速成为公司的人力资源总监”，其分述部分的主要论点如下：

怎么做才能让自己快速提岗晋级呢，一般而言，有两条途径：

第一条途径是“胜”者为王。它还分为两种情况：

第一种情况是胜出者为王。比如，在公司招聘的某批新员工当中，你的表现非常优秀，工作业绩相当突出，引起了领导的注意。于是一段时间之后，刚好有个部门的某个管理岗位缺人，你顺理成章地就把这个萝卜坑给填上了。

第二种情况是剩下者为王。比如，在公司招聘的某批新员工里面，同批的其他同事都认为这个公司没有前途，等死不如挪活，都跑光了。而你呢，永远是“死脑筋”，对公司依然不离不弃。后来，在公司招聘第二批员工的时候，刚好需要一个领导，而这时，只有你是老员工了，于是，你就自然而然地成为管理者了。

第二条途径是善“跳”者高。它同样分为两种情况：

一种是自跳。为什么要跳槽呢？这是因为在公司里面，管理岗位是呈金字塔模式，级别越高，相应的管理岗位越少。于是，有些聪明的职场人士，发现自己熬不过那些以公司为家者，拼不过那些工作不要命者，只好通过跳槽的方式来提升自己的职位。当然，这些聪明的跳槽者在跳槽之前已经做足了功课。首先，这些人所选的跳槽的时间点往往是最佳的，基本上都工作好几年了，而不像一些盲跳者，工作还没满两年就频频地跳槽。其次，这些人已经通过岗位轮换加职场充电的方式具备了管理岗位所要求的相关技能。所以，这些人在面试管理岗位的时候，不会出现被问哑了的情形，也不会有在上任之后，因为工作能力不足又被马上辞退的情况。

另一种是被挖。一般而言，善跳者前期职务的晋升靠自跳，后期薪水的增长靠被挖。作为一名职业经理人，如果没有被挖的经历，那说明他混得比较失败了。所以，如果经常有猎头来“骚扰”，不能觉得很厌烦而屡屡挂掉人家的电话，应该将其视为最高礼遇，感到无比幸福才对。你想想，此时有这么多的“媒人”来“提亲”了，不找一个更高的岗位、拿更多的薪水，怎么对得起自己呢？

在分述部分，除了发散思维之外，还可以运用联想思维和纵深思维。运用联想思维是为了让论述对象跟自己的日常工作和生活更加贴切，引起听众对演讲主题的重视；运用纵深思维是为了能从更深层的角度去论证演讲者的观点，让演讲者的演讲主题更具有说服力。

第三部分为总结，即演讲者在演讲结束之前，再次重复自己的演讲观点，以便加深听众的印象。比如："龟兔赛跑的故事告诉我们，要成功必须具备七个条件：一是非常勤奋。二是选对方向。三是避开陷阱。四是发挥优势。五是整合资源。六是控制情绪。七是利用对手。"

四、极具代表性的命题演讲范例

一般来讲，命题演讲包括工作演讲和比赛演讲两大类。而工作演讲还可以细分为竞选演讲、就职演讲、述职演讲、离职演讲等四种；比赛演讲也细分为敬业精神类演讲、爱国情怀类演讲、道德提倡类演讲、理想追求类演讲、节日纪念类演讲等五种。

现在，笔者就这两大类型的命题演讲各提供几个典型的范文，供大家学习和借鉴。

1.经典的竞选演讲

竞选经理的演讲词

王萍

各位领导、各位同事：

大家好！

在这里我以平和的心态，参与支行综合办公室经理岗位的竞聘。首先应感谢支行领导为我们创造了这次公平竞争的机会！此次竞聘，本人并非只是为了当官，更多的是为了响应人事制度改革的召唤，在有可能的情况下实现自己的人生价值。

我现年43岁，中共预备党员，大专文化程度，会计师专业技术职称。1975年在枝江市供销社参加工作，先后做过营业员、门市部主任、统计员。1985年调入枝江市总工会，先后担任图书管理员、出纳员、会计、财务、办公室副主任和计财科副科长。

经过几年银行工作的锻炼，自己各方面素质得以提高，去年我光荣地加入了中国共产党，荣幸地被三峡分行评为1998年度先进工作者，在创业业务竞选活动中，被分行授予“三收能手”的称号。1999年我实现了个人揽存余额1300万元的任务。几年的工作使我深深地感到机遇和挑战并存，成功与辛酸同在。

参与这次竞聘，我愿在求真务实中认识自己，在积极进取中不断追求，在拼搏奉献中实现价值，在市场竞争中完善自己。

我深知综合办公室工作十分重要，这主要体现在以下三个方面：一是为支行领导当好参谋，二是为全行事务当好主管，三是为一线员工当好后盾。具体说就是摆正位置，当好配角；胸怀全局，当好参谋；服从领导，当好助手。

我也深知，办公室的工作非常辛苦，正如前段时间社会上流传的那样：在办公室工作的同志就像忠诚的狗、老实的羊、受气的猪、吃草的牛、忙碌的马。可是他们像蜡烛一样，燃烧自己，照亮别人；他们像竹一样，掏空自己，甘为人梯。

如果我竞聘成功，我的工作思路是：以“三个服从”要求自己，以“三个一点”找准工作切入点，以“三个适度”为原则与人相处。

“三个服从”是个性服从党性，感情服从原则，主观服从客观。做到服务不欠位，主动不越位，服从不偏位，融洽不空位。

“三个一点”是当上级行要求与我行实际工作不相符时，我会尽最大努力去找结合点；当科室之间发生利益冲突时，我会从政策法规与工作职责上去找平衡点；当行领导之间意见不一致时，我会从几位领导所处的角度和所表达的意图上去领悟相同点。

“三个适度”是冷热适度，对人不搞拉拉扯扯，吹吹拍拍，进行等距离相处；刚柔适度，对事当断则断，不优柔寡断；粗细适度，即大事不糊涂，小事不计较。做到对同事多理解、少埋怨，多尊重、少指责，多情义、少冷漠。刺耳的话冷静听，奉承的话警惕听，反对的话分析听，批评的话虚心听，力争在服务中显示实力，在工作中形成动力，在创新中增强压力，在与人交往中凝聚合力。

如果我竞聘成功，我的处事原则和风格是：努力做到严格要求，严密制度，严守纪律，勤学习，勤调查，勤督办。以共同的目标团结人，以有效的管理激励人，以自身的行动带动人。努力做到大事讲原则，小事讲风格，共事讲团结，办事讲效率。管人不整人，用人不疑人。我将用真情和爱心去善待我的每一个同事，使他们得到充分尊重，给他们一个宽松的发展和创业空间。我将用制度和岗位职责去管理我的同事，让他们像圆规一样，找准自己的位置；像尺子一样，公正无私；像太阳一样，给人以温暖；像竹子一样，每前进一步，小结一次。

如果我竞聘成功，我的工作目标是：“以为争位，以位促为。”争取支行领导对综合办公室工作的重视和支持，使办公室工作管理制度化，服务优质化，参谋有效化。让办公室成为支行领导的喉舌，成为沟通员工与行长之间关系的桥梁，宣传精神文明的窗口，传播企业文化的阵地，培养人才的摇篮，联结银行与企业合作的纽带。我愿与大家共创美好的未来，迎接建行辉煌灿烂的明天。

谢谢大家！

2.经典的就职演讲

一位乡长的就职演讲

罗文章

各位代表、同志：

此时此刻，我的心情是激动的。因为，我很荣幸地当选为樟树乡人民政府乡长。这应该感谢各位代表、全乡人民对我的拥戴和信任；感谢各级领导、乡村干部对我的帮助和支持。

一踏上这片神奇的土地，我便深深地爱上了这里的一山一水。俗话说：“同船过渡三世修。”能同樟树人民并肩战斗、携手共进，真是“三生有幸，万世所修”。我愿将自己全部心血无私地奉献给这片土地和这里的人民。

“为官一任，造福一方。”作为三年一任的乡长，我应该这样去做。今后三年，乡镇工作总的奋斗目标是“三子”，即“多抓票子（发展经济），少生孩子（控制人口），不出乱子（维护好社会治安）”。按照这个目标，我乡经济发展总的指导思想是“五抓四超”，即抓农业稳乡，抓企业富乡，抓商业活乡，抓科教兴乡，抓外贸强乡。以超常规的思维、超常规的措施、超常规的速度，达到超常规的效益。主要经济指标是“九五”翻两番，2000年奔小康，即工农业总产值8000万元，乡村企业产值6000万元，财政收入300万元，农民人均年纯收入900元。基本发展思路是“一二三四”协调发展，即“坚持一个基础（粮食生产），实现两翼腾飞（高效农业、乡村企业），狠抓三项建设（服务网络建设、基础设施建设、文教卫阵地建设），办好四个基地（烤烟基地、药材基地、果木基地、畜禽基地）。要转变政府职能，实行“小机构、大服务”，促人下海，推人下海，拉人下海。让干部、职工在商品经济的汪洋大海中学会游泳。具体发展方略是：大力发展高效农业，迅猛发展乡村企业，加速发展第三产业，突破发展外经外贸。高筑黄金台，筑巢引凤凰，以财引才，以才生财，把地下的“黑金子”挖出来，把地上的“绿色银行”建起来，把五个轮子转起来（乡、村、组、联合体、个体齐头并进、协调发展）。要重点抓好“一线四圩”（一线：横贯樟树乡境内的永安公路；四圩：树头圩场、樟树圩场、仙水圩场、坦泉圩场）。在永安线两旁，建设成为以优质米、优质烟、优质林果、优质畜禽为重点的粮、烟、果、猪综合发展的经济带。在四个圩场地带建设成为以第三产业为突破口，以商贸、工业、运输、房地产业为主的经济辐射圈，以“一线”连续“四圩”，以“四圩”带动全乡，走区域化发展经济道路，形成我乡经济发展的良性大循环。

俗话说：“平静的湖面，练不出精焊的水手；安逸的环境，造不出时代的伟人。”我深深地懂得，要实现这个目标，光坐而论道、纸上谈兵是无济于事的，重要的是脚踏实地地去干。一乡之长，人称“八品父母官”。官虽小，当好则难；事虽难，做则易。个人的力量是微小的、有限的，大家的力量才是巨大的、永恒的。我诚恳地希望能得到各级部门的大力支持和各级干部、群众的积极配合。

我将做到“三个不当”，即廉洁奉公，不当贪官；秉公执法，不当昏官；真抓实干，不当懒官。我不祈求历史对我的褒扬，也不苛求人们对我的赞誉。我很自信，相信自己，相信代表们、同志们，相信31000人民的力量和智慧，压力终将变为动力，目标定能成为现实。

谢谢大家！

3.经典的离职演讲

南开大学饶子和校长的离职演讲稿

饶子和

亲爱的老师和同学，各位领导：

大家好！

今天，是我行使南开大学校长职责的最后一天。再次回到这里，2006年5月26日第一次到南开上任的场景，仍然历历在目。

一晃近5年过去了。假如我是南开的学生，我想我就要从这个学校毕业了。我要感谢在座的各位，以及那些不在场的老师、同学和校友们，因为我的毕业答卷，是在你们的帮助之下完成的。

在南开任职的这几年，一直在忙碌中度过。还记得为了学校的发展，或是为了实施我们的“百人计划”，或是为了吸引优质的师资和生源，我跟大家出去四处“化缘”的日日夜夜。我曾经对生物学界的同行开玩笑说，当了校长以后，科学研究成了我最大的业余爱好。

辛苦的同时，我也欣慰地看到，在国家的关心下，在大家的努力下，南开正在变得更好。2011年新年过后，我们公布了新校区的建设方案，向大家征求意见。也就是说，困扰南开多年的校园空间有限、布局不够合理的问题，终于要解决了。

这几年，外界也见到，越来越多的南开大学教授当选为国家重大项目的首席科学家。在世界一流的《自然》《科学》等期刊上，见到南开学者发表的论文，也已经不足为奇了。看到这些论文，比自己发表论文还让我自豪。

当南开的校长这几年，称得上“如履薄冰”。我总在想：南开有了进步，那更多是因为前辈的余荫；但南开一旦出现什么问题，那一定是我辈的责任。

今天，我从南开大学毕业了。感谢南开，让我这样一个在实验室里关注蛋白质结构的生物学家，一个回国之初要求“五年内不做任何行政工作”的大学教授，培养起了对高等教育、对科学重要问题持续关注的习惯。

作为南开大学的校长，我访问了很多名牌大学，也在本校接待了很多世界名校的校长。可我越发钦佩我们的创始校长张伯苓先生，在多数中国人还饿着肚子、任人欺负的年代，他就已经计划着要把南开，从一个小小的私塾，办成一所与哈佛、耶鲁“东西称盛”的大学。

南开是“越难越开”的。作为南开的校长，我遇到的困难也少不了。我常常想起伯苓公。想起他当年的困境，也想起他当年的理想。我一直希望，将来人们谈起饶子和在南开的任期，会这样评价：“这个校长没有创新——他是竭力依照伯苓公的意愿做的。”我越来越相信，从南开宝贵的传统中寻找智慧，南开就可以办得更好。

在这里，我也要祝贺我的老同事、老朋友龚克先生，与南开结缘。他曾在清华大学、天津大学担任过领导职务，我相信他会跟我们一起，热爱南开，发展南开。

在即将卸任的时候，收到很多同事和同学的问候。我感动，我恋恋不舍。在这个时候也突然想起，我跟很多老师、同学有过不同的约定，而这些约定有的还没有实现。

好在，我们还有时间。今天，我告别了南开大学校长的身份，但我不会告别南开，因为我已经是“南开人”了。我仍将在南开任教，继续和大家一起工作。记得四年前上任的时候，我曾当众许诺要“做南开人，说天津话”。如今，我的天津话说得不算地道，但我自认为已经是个可以毕业的“南开人”了。

谢谢大家!

4.经典的比赛演讲

山旮旯里的人生

迟焕毅

各位领导，各位来宾，朋友们：

你们好!

很荣幸今天能参加这个“理想与人生”的演讲会。我是一名农村信用合作社的职工，工作在山旮旯里，没有城市人坚实深邃的目光，没有企业家搏击商海的稳重与沉着，更没有周五、周六的轻松与潇洒。整天只是打水扫扫地，看看过期已久的报纸，迎接寥寥无几的顾客，做中华人民共和国的诚实本分、勤劳守纪、忠于职守的公民。远离城市的喧嚣和拥挤，远离华灯初上、物欲横流的诱惑，远离商海红尘的尔虞我诈，远离满腹的雄心壮志。于无声处抽空下下乡，看看谁家的苞谷先破土而出，问问谁家的收入最多，数数山旮旯的茅草屋还有多少间，瞅瞅谁家的孩子没有上学。吸一下乡间新鲜的空气，喝一口清凉爽口的山泉水，真乃其乐无穷。

在山旮旯里工作，寂寞和孤独难免，这里没有电灯，没有电视、录像、卡拉OK之类的东西。于是，在没有电灯、没有星星、没有月亮的夜晚，燃起流泪的红蜡烛，做个苦乐书痴，在书里看城市灯如白昼、物价暴涨，看红尘人海茫茫、川流不息，看落魄才子寻寻觅觅、冷冷清清。在书里书外，学些雕虫小技，随意涂描春夏秋冬。看古诗词名句知道“应是绿肥红瘦”之妙，细听窗前雨打芭蕉一声紧、一声慢的乡村音乐。

工作在远离城市、远离文化群体的山旮旯里，难免会在孤苦和寂寞中自问：人生是什么？平凡的工作，平凡的生活，平淡的人生。肯定没有哲思般的回答，只能在生活中隐约领悟，它是一部无法破译的书！它以其奇特的一面将一些人吹得熠熠生辉，而将另一些人也吹得黯然失色。而我，愿做第一种人！那样，在远离城市喧嚣的乡村，人生不再是一杯烈酒，不再是无聊和苦涩，不再是每日的嬉笑与碌碌无为，而是阿拉伯数字在贫困地区的跳跃和延伸，是烈日下的长途跋涉和追求，是偶尔从铅字中发现自己姓名的喜悦，是一种难以体会的成功和尝遍所有失败的痛苦。

山旮旯里的岁月，是人生一面简朴的屏障，它忠实于山旮旯生活的记录；山旮旯里的风景，是一面独特的屏风，一个季节更换一次。每天看门前枝条发芽、茁壮、衰败，在一阵紧一阵慢的脚步声中，寻找自己，追逐自己。我愿意被摆在乡村最穷困的位置上，每天被手握镰刀锄头的农民围住，从他们焦急的眼神中，解答他们人生的难题，破译他们深邃的内心世界。我知道，山旮旯里的人生就是真实，就是默默无闻，就是袖舞也嫌天地窄的写照。

我深知，是山村的穷困，将我们牢牢留住的，我们要夜以继日地咀嚼山村多年的贫困风味，我们要将它吃透，然后推向新的起点；是村民淳朴的民风将我们牢牢留住的，是他们的真诚需要和渴望，将我们牢牢留住的，是村民的喜悦和丰收将我们留住的，是村民不屈不挠的精神留住了我们。留下，就是山旮旯的人；工作，就是山旮旯的人生！白天没有城市的喧闹，夜晚没有轻歌曼舞、灯红酒绿。山旮旯里的人生，没有激情壮志之文，只是些平淡无味的文字组合；没有惊天动地之举，只是从烦琐细小的工作中理出一天的思路来；没有哀婉动听的故事，只是与村民们君子之交淡如水的交往；没有惊险的飞跃，只是年年岁岁、朝朝暮暮与山旮旯厮守在一起。山旮旯里的人生是好是坏，对我们来说并不重要，山旮旯里的人生，是我们与社会、社会与时代、我们与同龄人的折射，是一代又一代老中青的真实写照。

我们是在一种冷静与思索的过程当中走进山旮旯的，是在贫穷与落后、愚昧与无知的需要中走进山旮旯的，是在奉献与索取的选择下走进山旮旯的，是在前进与后退的选择里走进山旮旯的，是在忽视与淡漠中走进山旮旯的，是在后悔与幸福的交织下走进山旮旯的。

是我们把青春留给了穷困的乡村，是乡村的岁月培育了我们，是我们在山旮旯的剧场中义演，是我们获得了空前的成功，因为山旮旯里的人民送给我们一个大大的感叹号。

感谢生活，尤其要感谢在山旮旯里工作和生活的人们！

参考文献

（一）语音发声类教材与著作

[1] 王峥.语音发声科学训练[M]. 2版. 北京：中国传媒大学出版社，2014.

[2] 曾致.朗诵艺术指要[M].北京：中国传媒大学出版社，2013.

[3] 仲梓源.口头评述・模拟主持[M]. 2版. 北京：中国传媒大学出版社，2016.

[4] 张颂.朗读学[M]. 3版. 北京：中国传媒大学出版社，2009.

[5] 张颂.播音创作基础[M]. 3版. 北京：中国传媒大学出版社，2011.

（二）汉语言类教材与著作

[1] 黄伯荣，廖序东.现代汉语[M]. 5版. 北京：高等教育出版社，2011.

[2] 邵敬敏.现代汉语通论[M]. 3版. 上海：上海教育出版社，2016.

[3] 周一民.现代汉语[M]. 3版. 北京：北京师范大学出版社，2010.

[4] 王希杰.汉语修辞学[M]. 3版. 北京：商务印书馆，2014.

[5] 陈汝东.修辞学教程[M]. 2版. 北京：北京大学出版社，2014.

[6] 陈望道.修辞学发凡[M].上海：复旦大学出版社，2008.

（三）口才类教材与著作

[1] 卢卡斯.演讲的艺术[M].俞振伟，译. 8版. 上海：复旦大学出版社，2007.

[2] 哲曼，格伦贝克，埃宁格，等.演讲的基本[M].孙辰蔚，钟舒婷，译. 18版. 北京：北京联合出版公司，2016.

[3] 恩格尔伯格，达利恩格尔伯格.演讲！：口才好与坏 人生大不同[M].潘乔，项晓丽，译.北京：中国人民大学出版社，2014.

[4] 哈斯林.演讲力[M].马昕，译. 7版. 北京：世界图书出版公司，2010.

[5] 多诺方.TED演讲的秘密[M].冯颙，安超，译.北京：中国人民大学出版社，2017.

[6] 迈尔斯.高效演讲[M].马林梅，译.长春：吉林出版集团有限责任公司，2013.

[7] 尼尔森，蒂茨沃思，皮尔森.演讲圣经[M].伍惠琼，张铁，译.北京：中国人民大学出版社，2010.

[8] 汉弗莱.即兴演讲：掌握人生关键时刻[M].坰清，王克平，译.北京：人民邮电出版社，2018.

[9] 明托.金字塔原理[M].汪洱，高愉，译.海口：南海出版公司，2010.

[10] 刘伯奎，王燕.口才与演讲[M].北京：中国人民大学出版社，2002.

[11] 孙立湘.凡人演讲辞[M].北京：机械工业出版社，2004.

[12] 陈权.演讲是个技术活：15招搞定当众演讲[M].广州：广东经济出版社，2016.

[13] 陈权.演讲是个技术活：这8招“狠”管用[M].广州：广东经济出版社，2018.

（四）心理学类教材与著作

[1] 津巴多，约翰逊，韦伯.津巴多普通心理学[M].王佳艺，译. 5版. 北京：中国人民大学出版社，2008.

[2] 格里格，津巴多.心理学与生活[M].王垒，王甦，等译. 16版. 北京：人民邮电出版社，2009.

[3] 迈尔斯.迈尔斯心理学[M].黄希庭，译. 7版. 北京：人民邮电出版社，2011.

[4] 莱希.心理学导论[M].吴庆麟，等译. 9版. 上海：上海人民出版社，2010.

[5] 彭聃龄.普通心理学[M]. 3版. 北京：北京师范大学出版社，2007.

[6] 梁宁建.心理学导论[M].上海：上海教育出版社，2011.

推荐阅读

实战派培训师手把手教会你当众演讲！

书名：演讲是个技术活：这 8 招“狠”管用
作者：陈权
书号：978-7-5454-6433-7
定价：48 元
出版日期：2018 年 11 月
出版社：广东经济出版社

一本书把高情商表达的细节解读到位！

书名：情商高就是会表达
作者：赵建房
书号：978-7-5454-6113-8
定价：42 元
出版日期：2018 年 4 月
出版社：广东经济出版社

把销售中的成交说服力解读得淋漓尽致！

书名：销售中的 8 堂口才课
作者：程浩南
书号：978-7-5454-7372-8
定价：45 元
出版日期：2020 年 10 月
出版社：广东经济出版社

资深培训师手把手教你源源不断出单的高招！

书名：引爆成交：二手房这样卖最出单
作者：闵新闻
书号：978-7-5454-5199-3
定价：42 元
出版日期：2018 年 4 月
出版社：广东经济出版社

推荐阅读

洞悉惊人效率背后的魔鬼工作法！

书名：华为高效工作法
作者：冯南石
书号：978-7-5454-5755-1
定价：45 元
出版日期：2017 年 11 月
出版社：广东经济出版社

马云叱咤商界的 11 条人生哲学！

书名：马云：我的 11 个生存哲学
作者：申草泥
书号：978-7-5454-4936-5
定价：45 元
出版日期：2017 年 1 月
出版社：广东经济出版社

系统解读任正非和华为之谜的实力之作！

书名：任正非的真实世界：中国第一民企华为成长内幕
作者：魏昕、饶威祥
书号：978-7-5454-3580-1
定价：45 元
出版日期：2014 年 11 月
出版社：广东经济出版社

系统解读董明珠和格力之谜的经典之作！

书名：霸气女皇董明珠：全球最大空调企业格力成长内幕
作者：魏昕、刘云菲
书号：978-7-5454-4588-6
定价：48 元
出版日期：2017 年 10 月
出版社：广东经济出版社